現代カント研究　15

批判哲学がめざしたもの

カント研究会
千葉清史・山根雄一郎 編

晃洋書房

『現代カント研究』第十五巻刊行にあたって

「批判」とは、例えば現代の「批判理論」にも通じるような射程をもつ術語である。それでは、「批判哲学」ということでカント自身はいったい何をめざしたのか?――この問題意識によって本巻は性格づけられている。以下、本巻所収の六つの論考(掲載は著者五十音順)の内容を、「批判哲学がめざしたもの」という本巻のテーマとの関連を明らかにする仕方で紹介することにしたい。

第Ⅰ章の鵜澤論文は、現代の概念主義と非概念主義の論争を取り上げ、カントの図式の思想に両陣営の歩み寄りの可能性を見いだす。時間は「全ての表象の結合の形式的条件」として、直観と概念を媒介する図式(純粋総合)の働きを担っている。鵜澤は、カントの時間図式の考え方が、今日の論争を乗り越える上でもやはり有効であること、また、それが「時間の遍在化」と呼ばれる、S・レードルの超越論的論理学の復権のモデルにもなっている点を示し、カントの時間概念を「批判哲学がめざしたもの」と見定める。

第Ⅱ章の繁田論文は、『純粋理性批判』「知覚の予料」における欠如の表象をめぐる解釈論争に取り組む。欠如表象を制限づけられた実在性としてだけ認める従来の「相対的解釈」を退け、完全な欠如が時間の形式性によって表象可能であるとする「絶対的解釈」が予料論の新説として提起される。カントは実在性と否定性を中立に俯瞰する超越論的見地に立つことで、両概念の限界設定を行ったのであり、否定性は実在性を存在論的に前提するという伝統的な「実在性の優位」の思想を無効化することが「批判哲学がめざしたもの」の一端であったと結論される。

第Ⅲ章の嶋崎論文は、カント最晩年の思索を伝える遺稿、いわゆる「オプス・ポストゥムム」中の「エーテル演繹」を扱う。そこでの議論を通してカントが意図したのは、単にエーテルの物理的な実在を示すことにとどまらず、エーテルによって統一された世界と主観の経験との統一の調和の根源を悟性に求める認識論を構築することであった。この考察を通じて、「オプス・ポストゥムム」もまた、対象の経験の可能性を悟性に基礎づける、という批判哲学のプロジェクトを――批判後の仕方ではあるが――発展させることをめざすものだった、と結論される。

第Ⅳ章の千葉論文は、カント自身が意図した「哲学的主張のア・プリオリな基礎づけ」はいかにして可能かを問う。その実現のためには、従来「超越論的論証」として注目されてきた証明法のみならず、分析認識論者L・バンジョーが「合理的洞察」と呼ぶような、認識能力そのものに関する直接知の要請が必要となると論じられる。この考察を通じて千葉は、「批判哲学がめざしたもの」の一端を今日において実現するための着手点を築かんとする。

第Ⅴ章の山下論文は、『単なる理性の限界内における宗教』と、カントの歴史哲学的諸著作、特に『世界市民的見地における普遍史の理念』とにおいて共通に用いられている「先慮」という敬虔主義的な概念によって、カントの歴史哲学と宗教哲学の連続性を明確化する試みである。カントの歴史哲学も宗教哲学も神の先慮による救済史を描き、そのことを通じて救済史の実現に貢献しようとしているという側面がある。この考察を通じて山下は、カントの批判哲学は全体として、先慮による救済史の促進をめざすものであったと考えることができる、と結論する。

第Ⅵ章の山根論文は、最晩年のカントの周囲で生じた『純粋理性批判』をめぐる論争に着目する。すなわち、青年期の教え子で後に師と対峙したヘルダーの『純粋理性批判の再批判』と、晩年期の弟子で師との交わりを続けたキーゼヴェッターが著したその逐字的な『吟味』とにおける、批判的な「ア・プリオリ」概念の理解を検討する。前者が論難する同概念の後者による擁護には、カントが後年に導入した「根源的な獲得」という「ア・プリオリ」の特徴づけが伏流していると解釈し、かかる「ア・プリオリ」の位置価に「批判哲学がめざしたもの」を見届ける。

第十五巻共編者　千葉清史

二〇二一年八月

凡例

一、カントの著作、書簡、講義録を参照する場合は、いわゆるアカデミー版カント全集（*Kant's gesammelte Schriften*）の巻数をローマ数字、頁数をアラビア数字で表記して典拠を示す。ただし、『純粋理性批判』を参照する際には慣例に従い、第一版と第二版（それぞれA、Bと表記）の頁数を記す。

二、覚書（レフレクシオーン）を参照する場合は、右に加え、アカデミー版編者エーリッヒ・アディッケスによる整理番号を略号 *Refl.* の後に示す。

三、引用文中の引用者による補足は〔　〕を用いて行なう。

四、引用文中の〔…〕は中略を表す。

批判哲学がめざしたもの（現代カント研究 15）目次

『現代カント研究』第十五巻刊行にあたって

凡例

〔書評〕

I　直観と概念
――カント理論哲学をめぐる現代の論争について――

鵜澤和彦

はじめに

『純粋理性批判』のB版演繹論第二六節は、テキストの理解について、一つの難問を提起している。カントはその個所で、カテゴリーによる総合が直観の把捉、すなわち、知覚の条件である（vgl. B161）と述べており、さらに、感性的総合を担う構想力と、概念的総合を遂行する悟性とが「まさに同一の自発性」（B162）であるとも明言している。すると、それまでカントが前提してきた感性と悟性、言い換えれば、直観と概念の区別は、明らかに否定されるのではないか。この問題に呼応して、カント解釈にも今日、二つの立場が併存する。一方は直観と概念の区別を堅持し、直観の独立を説く「非概念主義」、他方は悟性の自発性を原理として、概念枠という仕方で経験的直観（知覚）を把握する「概念主義」である。これらの解釈で問われているのは、カントの直観と概念、表象能力で述べれば、感性と悟性の区別と関係である。この両者の区別と関係は、テキストとの関連では、とくに演繹論と図式論で扱われ、分析論全体を考えると、ア・プリオリな総合判断の可能性に関わる。さらに、現代との関連を述べれば、直観と概念に関する考察は、カント解釈における概念主義と非概念主義の論争にコミットすることでもある。

カントの理論哲学は、九〇年代中頃からとくに英語圏の哲学誌で、活発に論じられている。その火付け役となったのは、ジョン・マクダウェルの著書『心と世界』（McDowell 1996）であった。彼は、知覚経験が概念的構造によって成立すると考え、その土台となる思考の自発性をカント解釈の中心に据えた。しかし、感性や直観の働きを重視する研究者、たとえば、ロバート・ハナは、マクダウェルの悟性中心主義ないし汎論理主義に異議を唱えた（vgl. Hanna 2008）。[1] マクダウェルとハナの周りには、それぞれの立場の支持者が集まり、カント的概念主義と非概念主義と呼ばれる、二つの陣営が形成されるにいたった。カント解釈を舞台に、直観的表象と概念的表象をめぐる論戦の火ぶたが切られたのである。しかしながら、議論が進展していくと、マクダウェルとハナは、基本的な立場を維持しながらも、従来の論拠を修正したり、あるいは、自分の理解の難点を認めたりもしている。両者は、議論を通じて、歩み寄り始めたのである。興味深いことは、この歩み寄りが、どこに向かうかである。

本稿の主題は、カントの時間概念から、直観と概念の区別と関係を明らかにし、論争の一端となったB版演繹論第二六節のテキスト理解を提示することである。そのねらいは、この論争が直観と概念の相補的関係の解明、すなわち、図式論に向かう点を示すことである。この主題と目的を考慮して、本稿は以下の二つの問題を提起する。(1)両立場の主張、論拠、修正点、争点とは何か。(2)現代の論争は、どのような地点に向かっているのか。従来の研究は、認識の構成要素の「孤立化」（A22/B36, A62/B87）という方法に依拠し、直観と概念の区別から出発している。この区別そのものは、もとより正当であるが、現代の論争では、この両者の区別が、直観あるいは概念の二者択一の議論に変容している。しかし「内容のない思想は空虚であり、概念を欠いた直観は盲目である」（A51/B75）というカントの標語から明らかなように、議論のポイントは、両者の区別を踏まえた関係づけにある。この両者の関係を論じることは、直観と概念を媒介する根源的な論点、すなわち、時間から議論を始めることに他ならない。筆者は、この方法を取ることによって、テキストにより忠実な、矛盾のない読み方を示すことができると考えている。

本稿の各節の構成については、第一節で、概念主義の主張、論拠、修正点、第二節では、非概念主義のそれらの論点、ならびに、両立場の間の争点を論じ、(1)の問題設定に答える。第三節で、直観と概念の区別と関係に関する筆者の読み方を提示し、(2)の問題設定に答える。そして、最終節では、カントの時間概念を「批判哲学がめざしたもの」として結論づける。

一　概念主義――「所与の神話」とカテゴリー

概念主義とは、概念はすでに直観に含まれており、直観は概念に依存すると主張する立場（vgl. McDowell 1996: 9）である。この場合、外界からの所与（感覚与件）が心の中に生じるとしても、それが信念の理由づけを行うことができない限り「所与の神話（the Myth of the Given）」（Sellars 1997）と見なされる。この表現は、ウィルフリッド・セラーズが論理実証主義を批判する際の決め台詞であった（vgl. Watkins 2008, 2012）。論理実証主義者は、所与の「厳密かつ厳格とされる」観察を通じて、事実に関する認識（考え、信念）を正当化できるとした。これに対し、セラーズは、所与がどのような形態をとっても、所与は結局のところ「特殊的」（Sellars 1997: 16）であるために、事実認識を正当化できるような客観的認識ではないと批判した。したがって、この所与に正当化の基準を置くことは、特殊性・個別性から普遍性・客観性を導く誤謬、すなわち「所与の神話」であると断じた。セラーズは、この誤りが「いわゆる倫理学の自然主義的誤謬のたぐい」であると述べたのである（vgl. Sellars 1997: 19）。[2]

マクダウェル[3]は、セラーズが示した、所与と認識との構造的な差異をより一層強調し、概念主義の立場を明確にした。マクダウェルは、命題構造を持たない感覚与件、心的表象、例えば、イメージや直観などが属する領域と、真偽が決定でき、信念を理由づけることのできる命題的認識の領域（理由の論理空間）（vgl. Sellars 1997: 76, McDowell 1996: xiv）とを峻別した。前者の領域には、外界からの因果作用の結果である心的表象、言い換えれば、純粋な自然的存在という特徴（第一の自然）が与えられる。これに対し、後者のそれには、認識が規則に従って構成され、また、その真偽が決定されるという意味で、概念的及び規範的特徴（第二の自然）が付与される。そして、前者の心的表象の圏域から後者の領域、すなわち、理由や正当化などの合理的関係が築かれる領域へと通じる道は、マクダウェルの場合、より正確に言えば、修正前の彼の立場では、閉じられている。

概念主義は、カントのテキストから二つの論拠を提示している。マクダウェルによれば、経験的直観（知覚）と判断は「まさに同一の事態」（McDowell 1996: 26–28）である。この両者の等置が、この立場の第一論拠である。セラーズは、この点について次のように述べている。「直観はカテゴリーの形式を持っているがゆえに、我々はその直観の内にカテゴリーを見いだすことができる。〔…〕我々は感覚や心象からカテゴリーを抽象することはできない。〔…〕カントのカテゴリーは、判断の形式と機能である。それは文法的な普遍概念の全体である」（Sellars 1978: 55–56）。このセラーズの言及は、明らかに判断表からカテゴリー表を導出する「形而上学的演繹」（B159）の議論を念頭においたものである。カントは、カテゴリー表の導出原理について、次のように説明している。「一つの判断において様々な諸表象に統一を与える、まさに同一の働きが、一つの直観において様々な表象の〈単なる総合〉にも統一を与える。この働きは、一般的に述べれば、純粋悟性概念と呼ばれる」（A79/B104f.: 山括弧筆者）。カントはこの引用後に、概念を使って判断を成立させる働きを悟性の「分析的統一」、直観一般の多様を総合する働きを悟性の「総合的統一」と呼び、これら二つの働きが、まさに同じ悟性の働きであると述べている（vgl. B105）。

　概念主義の第二の論拠は、本稿の冒頭で述べた、カテゴリーによる把捉の総合という事態である。筆者の考えでは、この第二論拠が最も重要である。この論拠は、B版演繹論の第二六節に登場し、演繹論の証明構造の第二段階に相当する。カントはこの証明の中で、知覚を成立させる把捉の総合について、次のように述べている。（悟性の）「結合もまた、全ての把捉の総合の条件として、すでにこれらの諸直観とともに（においてではなく）、ア・プリオリに同時に与えられている」（B161: 傍点筆者）。この引用が示唆するように、把捉の総合は、カテゴリーによって条件づけられている。そして、経験的直観（知覚）は、この把捉の総合によって成立する。すると、経験的直観（知覚）は、カテゴリーによって、必然的に条件づけられていることになる。

　しかしながら、マクダウェルは「所与の神話を避ける」（McDowell 2009）という論文で、トラヴィスに説得され、従来の立場を修正している。つまり、知覚とカテゴリーの等置（第一論拠）を否定して、直観の統一と判断の統一は、同じ機能から生み出されるものの、それぞれの統一は「異なる」種類のものだと考えたのである。この修正は、経験的対象が視覚的に現前するという事態、すなわち、知覚経験の志向性に認識論的意義を認めたことを意味する。すると、この経験的対象を概念把握する方法は、類及び種の経験的概念（スペキエス）の適用以外には考えられない。その場合、経験的概念は、判断の述語になる他「直観における対象の描出の規則である図式としての役割」（村井 2013: 85）も果たすことになる。このことは、カントの認識論で述べれば、経験的概念の図式（類型表象）に該当する。マクダウェルの修正された概念主義は、筆者の理解によれば、次節で扱うペーター・ロースの単称指示と単称命題による非概念主義の基礎づけと極めて近い関係にある。

二　非概念主義――「所与の把握」と単称指示

非概念主義とは、直観は概念に依存することなく、それ自身で成り立つとする立場である。その第一論拠は、カントによる経験的直観と概念の定義である。彼によれば、経験的直観は個別的対象に直接的に関係する（vgl. A19/B33, A68/B93, A32/B47）。これに対し、概念は類一般として、経験的直観を通じてのみ、個別的対象に間接的に関係する（vgl. A68/B93, A137/B176, A654/B682）。経験的直観と概念が、このように定義される限り、前者は後者から独立に成り立つことになる。そして、第二論拠は、この経験的直観を可能にするア・プリオリな純粋直観である。この純粋直観は「悟性の機能を必要とせずに」（A89–91/B122f.; vgl. A30/B46, A23/B38）ア・プリオリに成立する。カントは、このことの例証として、算術と幾何学における総合のはたらきを挙げる。なぜなら、それらを可能にする同種的なものの継起的総合は、概念的総合から本質的に異なっているからである。これら二つの論拠は、直観と概念の本質的な差異に基づくため、両者を等置する概念主義の二つの論拠と対立している。

興味深いことに、非概念主義の先導者であるハナは、概念主義の主張する「所与の神話」こそが、逆に「神話」にすぎない（「神話の神話」Hanna 2011a）と切り返し、反撃の矢を放った。彼は概念主義の「所与の神話」に対抗して

「所与の把握」（*ibid.*）という論点を提起し、これによって、神話へと貶められた所与の復権を意図したのである。彼によれば、非概念主義とは「心を持った動物の合理性の基礎についてのテーゼ」である。この場合、動物は、およそ対象についてのイメージや心的表象を持つことのできる動物一般のことを指している。ハナは、カントが人間と動物の表象能力の相違について述べる個所（vgl. A546/B574, A802/B830, VII 196）を典拠にして、非概念主義（vgl. Hanna 2008: 58）の新たな立場[4]を展開している。心を持った動物は、世界とかかわる中で、本質的に一つの形を持ったもの（対象）に遭遇する。この遭遇したもの（所与）は、本質的に概念や言語による分節化に先立つにもかかわらず、言い換えれば「前理性的」（Hanna 2011a）であるものの、認識的及び実践的特徴を持っている。したがって、それは、セラーズやマクダウェルが主張するように「非理性的、非認識的、非実践的」（*ibid.*）なものではなく、理性に先立つ仕方で対象を識別する限り「本質的に非概念的な内容」（*ibid.*）を持つとされる。このハナの議論は、概念に先行する直観の識別可能性という論点に特色があり、カントの直観と概念の定義（非概念主義の第一論拠）に基づいている。しかし、非概念主義には、この立場の他、直観の独立を認めながらも、直観がその「状態」に応じて概念と連関すると考える、より穏当な立場（状態非概念主義）も存在する。この立場は「相対的非概念主義」（Speaks 2005）とも呼ばれ、ルーシー・アライス（Allais 2009）とロース（Rohs 2001）が、このグループに属している。

アライスのカント解釈[5]は、対象の第二性質としての色彩（Allais 2015）という論点にその特徴がある。彼女の色彩に関する形而上学的（存在論的）考察は、二段階の議論から構成されている。第一段階は、知覚が我々と対象との関係によって成立するという議論である。これは経験的直観（知覚）の関係説と呼ばれている。この知覚の関係が成り立つ限り、その対象は、空間及び時間の形式によって把捉された現象実体として、我々の眼前に立ち現れてくる。逆に、この両者の関係が成り立たなければ、その対象は、物自体として把握されることになる。第二段階は、対象の第二性質に関する考えを導入することである。知覚において先ずもって我々が意識する内容とは、対象の色彩である。色彩は、我々に立ち現れてくる対象が持つ性質に他ならないとされる（vgl. Allais 2015: 122）。彼女は、色彩が「諸対象の知覚現象にのみ属する」（Allais 2015: 117; 傍点筆者）と強調することで、概念から独立に、直観が我々に個別的な対象を与える点を力説する（vgl. Allais 2015: 153）。我々は経験的対象の色彩を知覚する限り、そのつど概念からの直観の独立（非概念主義の立場）を確証することができる。この点で、彼女の色彩の存在論的考察は、直観の独立を否定する概念主義の第一及び第二論拠と対立するのである。

ロース（Rohs 2001）は、アライスによる色彩の存在論的考察とは対照的に、超越論的論理学の「単称判断（judicium singulare）」（A71/B96）を使って、直観の直接性と個別性を説明する。この点で、彼は相対的非概念主義に位置づけられる。彼は直観を「個別的表象（repraesentatio singularis）」（IX 91）すなわち、対象の「心象（Bild）」（A120）として説明する。この心象は、構想力の感性的総合によって描出された心的表象であり、今日の言葉で述べるならば、個別的対象の知覚像に対応する。そして、この知覚像は、現象実体としての対象の心象である限り、その個別的対象を直接的に指示する（単称指示（singuläre Referenz））とされる。彼によれば、この直接的で個別的な対象連関は、指示代名詞「これ」によって表現される。たとえば、目の前のリンゴを見て「これはリンゴである」と判断したとしよう。すると、言語化された対象連関によって、経験的直観（知覚像）が、単称判断の主語となる。そして、概念、この実例では、リンゴは述語の位置に置かれる。「これはリンゴである」という判断が、真であるか、あるいは、偽であるかは、この直接的な対象連関、換言すれば、個別的な知覚像の形成に依存するとされる。もし、直観と対象との間に直接的な連関が成立していれば、その判断は真であり、逆にそうでなければ、それは偽と判定される。また、述語の位置に置かれる概念は、主語の位置にある直観を通じて、対象に間接的に関係するとされる。このように、直観に対する経験的概念の適用は、単称指示と単称判断の構造によって説明されるのである。

さらに、この直観の単称指示の働きは、構想力による「心象形成」「感性的総合」と説明され、悟性の「判断形成」「概念的総合」から区別されている。この区別も非概念主義の特徴を的確に反映している。前者の心象形成では、対象の大きさや形は、視覚的に一つの表象として捉えられるが、その対象が何であるのかは理解できない。なぜなら、この場合、対象に関する経験的概念が欠けているからである。これに対し、この単称指示が言語化され、その対象を包摂する経験的概念が述語として措定されると、その対象は、概念によって把握されることになる。この単称指示と単称判断を用いたロースの説明は、筆者の理解では、マクダウェルの修正された概念主義に極めて近いと考えられる。

ここで、非概念主義者の考え方の変化についてまとめておこう。ハナはデニス・シュルティングとの議論（vgl. Schulting 2015, 2016, 2017）を通じて、自分の非概念主義の立場が、B版演繹論第二六節の議論に矛盾することを認め、このジレンマを「B版の間隙」と称している（Hanna 2011b）。また、彼は自分の三つの論拠を維持してはいるが、概念と連関しうる直観表象に関しては、意味論の文脈で両者を媒介する図式のはたらきについて論究している（Hanna 2001, 近堂 2018: 186–188）。アライスも、論争を通じて「テキスト理解とその論拠について自分の考えを改め、より正確に（より穏当に）」（Allais 2016: 2）非概念主義を擁護できるようになったと述懐している。

したがって、B版演繹論の第二六節は、ハナにとっても、また、アライスにとっても、最大の躓きの石とされており、また、シュルティングも、この節に依拠して、ハナのカント解釈の難点を指摘したのである（Schulting 2015: 576–579）。アライスは、この第二六節について（概念的）「総合が直観を構成するために必要とされるのかどうか」（Allais 2016: 25）と疑問を呈し、この問題が『純粋理性批判』の中心的な論拠を理解するのに重要である、と述べている。彼女によれば、カントが概念主義者であるかどうか、という問題については、カント研究者の間で、決着はついていない。それゆえ、第二六節の理解に関する問いは、この論争の根本的な対立点であり、この議論の重要な争点の一つである。以上の考察によって、⑴の問題提起には答えることができた。次節では、筆者のテキストの読解から、⑵現代の論争の想定される帰着点について論究する。

三　構想力と図式の概念

悟性の自発性を理解する際、時間は極めて重要な役割を果たす。なぜなら「叡知体（Intelligenz）」（B158）のはたらきとしてのコギト（われ思う）は、内官の形式としての時間との発生論的関係（vgl.A123f., B157f.）を除外しては、そもそも理解することができないからである。コギトは「考える」という働きを通じて、自らの現存在を「表象する」（B157）ことができる。しかし、この表象の時点ですでに、自分の現存在の意識は、感性の形式、すなわち、時間に従っている。また、このことは、外的対象を認識する場合でも同様である。「存立し持続する自我」（A123f.）は、その規定活動を開始するや否や、現象のア・プリオリな形式である時間に関与する。この時間への「はたらきかけ（Tätigkeit）[6]」は、悟性（統覚）がカテゴリーにしたがって、内官の形式である時間を規定し、その諸表象を規定すること、すなわち、超越論的時間規定としての純粋悟性の「図式機能（Schematismus）」（A140/B179）に他ならない。具体的には、統覚は感性にはたらきかけるという仕方で、常に「現在し」（Rohs 1973）、カテゴリーにしたがって、過去や未来などの時間系列に属する諸表象の関係を規定する。この働きは「感性論」では「自己自身による触発」（B68）[7]あるいは「演繹論」の表現では「構想力の超越論的総合」（B151）と呼ばれている。まとめるならば、我々は、時間から議論を始めることによってのみ、純粋悟性の図式機能による認識（判断）の形成を原理的に論究することができるのである。

カントはこの純粋悟性概念の図式機能（以下時間図式と略記）を、構想力の「純粋総合」（A142/B181）と等置している。この理由から、以下の議論では、先ず、カントの時間概念を要約した上で、テキストの純粋総合と経験的総合（知覚の形成）の三契機を論じ、次に、筆者の立場から概念主義と非概念主義について論究する。

カントの時間概念は、第一に「感性論」で内官の直観形式として規定される。「時間は内官の形式、すなわち、我々自身、そして、我々の内的状態を直観する形式に他ならない」（A33/B49）。この直観の形式には「同時存在、あるいは、継起存在」（A30/B46）という「時間の様態（modi）」（A176/B219）が考えられている。内官は同時存在という仕方で、空間形式によって得られた外的現象、そして、継起存在という仕方で、心の中の諸表象を把捉（直観）する。第二に、内官はこの時間直観を通じて、全ての現象一般を一次元の系列の中に「定立（setzen）」（B67, vgl. A31/B47, B156, A145/B184, A411/B438）し、これによって、全ての表象及びその結合を可能にする。この系列の形成、系列への諸表象の定立、系列内での諸表象の結合は、カテゴリーの時間図式として「原則の分析論」で展開される。第三に、時間には「持続性」（A176/B219, A182f./B226）という様態も考えられている。「諸現象のあらゆる変移は、時間の中で考えられるが、時間は持続し、変移しない」（B225）。なぜなら、表象の変化（変移）は、持続するものとの一対の関係の中で、初めて理解されるからである。この持続するものは、時間規定の基体とされ、認識主観の側ではなく、現象実体の側に帰せられている。

　ところで、カントは「概念の分析論」第一〇節（A78/B104）において、認識のために必要な、構想力の純粋総合を三つの契機に分けて論じている。すなわち⑴純粋直観のア・プリオリな多様、⑵構想力によるこの多様の総合、⑶この純粋総合に統一を与える概念（カテゴリー）である。この三契機は、認識能力で表現すれば、感性、構想力、悟性に対応する。第一及び第二契機は直観表象の形成であるが、第三契機が概念的認識に該当する。

　純粋総合の第一契機は、純粋直観のア・プリオリな多様であり、それは経験的要素を一切含まない、純粋な種類の内容（素材）を意味する。カントはこの多様を「空間と時間が持つ多様」（A76/B102）、空間と時間が純粋悟性概念に提供する「素材」（*ibid.*）と述べている。さらに、カントは原則論の「直観の公理」で、この多様を「同種的なもの（Gleichartigen）」（B203; 傍点筆者）とも言い換えている。純粋直観の多様は、全くア・プリオリにかつ純粋に産出された多様（vgl. B67, B177）であり、たとえば、算術の数や「思考の中で」描出される直線、円、三次元（空間）及び一次元（時間）（vgl.B154; 山根 2005: 149, 192）などを担うものである。

　純粋総合の第二契機は、構想力によるア・プリオリな多様の総合である。カントはこの総合を算術や幾何学を使って説明する。数（同種的なもの）[8]を一つ一つ加算していくこと、あるいは、思考の中で直線を引くことは、それらの同種的な多様を時間系列の中で継起的に総合していくことに他ならない。カントはこの「ア・プリオリに可能で必然的である感性的直観の多様なものの総合」を「形象的総合（synthesis speciosa）」（B151）と呼び、これを単なるカテゴリーにおける直観一般の多様の総合、すなわち「悟性結合（synthesis intellectualis）」から区別している（*ibid.*）。

　純粋総合の第三契機は、構想力の総合に統一を与えるカテゴリーである。カテゴリーとは、多様一般を純粋に総合統一する悟性の基幹概念である。この局面では、純粋総合が問題であるため、経験的直観の対象は、カテゴリーの適用対象ではない。したがって、この段階でのカテゴリーは、ある事柄についての純粋な思考の可能性にのみ関わるのであって、経験的対象の認識を与えることはない。

　次に、この純粋総合が、どのようにして「経験的総合」（知覚の形成）（B164）の条件として働くかを、経験的多様、経験的総合、経験的判断の順に考察していこう。経験的総合の第一契機とは、概念主義が批判した感覚与件、すなわち、不可入性、硬さ、色彩などの経験的多様である。カントは「感性論」で一つの具体例を挙げて、現象実体の延長と形態を説明している。我々が経験的に直観している物体（現象実体）の表象から「実体、力、分割可能性」などの概念を除去し、さらに「不可入性、硬さ、色彩」などの感覚を除外したとしても、この経験的直観には、なお「延長と形態」（A20/B35）が残存するとした。この延長と形態は、カントによれば、純粋直観に帰属する。しかしながら、この個所では、現象実体の延長と形態が、どのように純粋直観によって「与えられ」（B160）、一つの表象に「総括される」（*ibid.*）のか、という論点については、明らかにされていない。

　この論点は、経験的総合の第二契機に相当する。筆者の考えでは、この問題に対する解答は「方法論」で示されている。そこでは「現象の単なる量（同種的な多様なものの単なる総合）は、数によってア・プリオリに描出、すなわち、構成される」（A790/B748; 傍点筆者）と述べられている。同種的な感覚を総合していくと、一定の大きさと形態を帯びた現象が形成される。現象の形態は「現象の質」と見なされている。この場合の数は、ア・プリオリな多様ではなく、経験的な多様、すなわち、個々の同種的な感覚のことを述べている。そして、この経験的多様を継起的に総合していくことを通じて、経験的直観の対象の延長と形態が構成できるのである（Uzawa 2001, 2010; 湯浅 2003）。ア・プリオリな多様の総合は、経験的な多様の総合の規範的モデルとして機能する。なぜなら、いずれの多様も同種性という特性を帯びており、この同種性に導かれて、総合が継起的に進んでいくからである。もちろん、これらの諸感覚は、知覚を通じて経験的に与えられはする。しかし、それらの大きさと形態は、空間と時間のア・プリオリな直観形式によって、すなわち、数によって初めて一つの直観表象として形成（総括）される。純粋直観は、経験的直観の対象の延長と形態を描出することを通じて、経験的直観を可能にし、概念からの直観の独立を基礎づけるのである。

しかしながら、この構想力の形象的総合は、カテゴリー及び経験的概念と関連づけられる前の「単なる総合」（B748, XX 230, XVIII 243f., XXVIII 772, XVIII 277ff., VIII 242f.）にすぎない。その総合の基準は、多様の同種性であり、このことは純粋直観においても、経験的直観においても同様である。空間と時間の「直観形式」（B160）は、直観の多様を提供するが、しかし「形式的直観は、感性の形式によって与えられた多様を一つの直観表象に総括する」（B160f.）。カントは、このように多様を取りまとめる感性の総合を「総括」あるいは「合成」という言葉で表現する。しかし、この場面では、まだ概念が適用されていないため、我々は、その表象の統一が何を意味するのかを理解することができない。その意味で、この単なる感性的総合は、カントが述べるように、まさに「盲目」なのである。

経験的総合の第三契機は、この「単なる総合に統一を与える」カテゴリーである。この段階では、形象的総合は、統覚の根源的な総合的統一、すなわち、カテゴリーの超越論的統一に基づくことから「構想力の超越論的総合」（B151）と言い換えられる。この段階の総合は、その諸表象の時間関係を概念的に把握すること、換言すれば、経験的直観の対象がそもそも何であるのかを、概念を使って理解する一連の過程を意味する。この一連の概念把握の過程については、以下のようにまとめることができる。

　形象的総合は、この段階でカテゴリーによる「総合的統一」へともたらされる。この総合的統一とは、悟性が「客体」（B137）の概念を使って、直観の多様をこの概念の中で「結合」すること、より分かりやすく言えば、客体の概念が直観の多様を「包摂」することを意味している。この包摂は直観の多様を、ある概念に属するものとして理解することである。その意味で、この悟性の総合的統一は「質的」（B131）と特徴づけられる。経験的直観の対象は、この悟性の総合的統一によって、概念的に把握され、その対象が同定される。この時に、実体のカテゴリーの図式である「持続性」が使用され、経験的直観の対象を主語とする判断（これはPである）の主語が定立される。次に、経験的概念の図式（類型表象）が用いられて、この判断の述語概念Pが定立される。この判断形成が、分析的統一と呼ばれる悟性の働きである。この第三契機によって、経験的直観の対象は、概念的に把握され、初めて「認識」と呼ばれる判断が形成されるのである。

　以上のカントの構想力と図式の議論を踏まえた上で、本稿の(2)の問題提起に答えよう。アライスが躓きの石として挙げた第二六節の問題、すなわち「（概念的）総合が直観の構成に必要とされるのかどうか」という問題については、純粋総合と経験的総合の第一及び第二契機を考慮すれば、答えることができる。経験的直観の延長と形態の構成原理とは、同種的な感覚の総合である。ただし、この総合は、表象のまとまり（表象の統一）を形成することはできても、概念が適用されていないために、その認識を形成することができない。要するに、目の前に一つの形は見えても、それが何であるのかを理解できないのである。これが構想力の形象的総合である。したがって、非概念主義が主張するように、直観は概念に依存することなく成立する。しかし、その場合の直観は、概念を欠いているために「盲目」なのである。要約すれば、同種的な感覚の総合は、直観（表象）の統一の構成原理ではある。しかし、それは直観（表象）の統一の認識原理ではない。直観の統一は、たとえ概念に先行するとしても、その認識のために概念を必要とするのである。

概念主義は、上述の経験的総合の第三契機、すなわち、図式による対象認識と判断形成に基づいている。この第三契機では、全ての直観は、ことごとくカテゴリーによって規定され、その意味で、直観は概念に依存する。ただし、直観を構成（総括）するのではなく、それを認識するという意味においてである。この契機での構想力の働きは「超越論的総合」と呼ばれている。これによって、我々は、目の前に見えている対象が、そもそも何であるのかを初めて理解し、その経験的対象についての判断を形成することができる。その意味で、この悟性の総合的統一は、論理学ばかりか、超越論哲学の「最高点」（B134）なのである。要約すれば、図式によるカテゴリーの適用は、直観（表象）の統一の認識原理であるが、直観の構成原理ではない。カテゴリーは、あくまでも認識の構成原理であって、直観の構成原理ではない。後者は、すでに純粋総合と経験的総合の第一及び第二契機で示されたように、純粋直観と経験的直観の機能に帰せられる。この認識の構成原理を直観の構成原理と取り違えるところに、初期の概念主義の問題点があった。

また、本稿の冒頭で挙げられた「まさに同一の自発性」（B162）という個所に関しては、筆者はテキストの文脈と表現を顧慮するならば、矛盾なく理解することができると考えている。この個所は、悟性が感性を規定して、内官の形式である時間を規定する、という文脈で書かれている。この場合、構想力は悟性に規定されて、カテゴリーによる総合的統一に完全に従い、いわば「悟性の一機能」（XXIII 45: 山根 2005: 211）として働くのである。その意味で、カントは「まさに同一の自発性」と表現している。ただし、この表現は、両者が完全に等しいと、述べているわけではない。筆者がこのように理解する、テキストの典拠は、概念主義が依拠する、まさに第二六節の議論（概念主義の第二論拠）である。その文面は、以下のように書かれている。カテゴリーによる「結合もまた、全ての把捉の総合の条件として、すでにこれらの諸直観とともに（においてではなく）、ア・プリオリに同時に与えられている」（B161: 傍点筆者）。カントは、この個所で前置詞 mit と in の差異を指摘し、読者の誤解を避けようと意図している。なぜなら「ともに（mit）」という表現は、まさに両者の区別を前提しているからである。もし、彼が in と書いた場合には、直観と悟性結合が等置され、両者の区別は失われることになる。直観と概念の区別は、概念主義が依拠する第二論拠でも、やはり厳格に維持されている。直観と概念の相補的関係は、やはりここでも明確な形で示されているのである。

ところで、概念主義と非概念主義は、その論争を通じて、互いに歩み寄りつつある。この論争は、確かに終結してはいないものの、相互の修正や問題点の確認を通じて、一つの方向を明らかに示している。修正後のマクダウェルは、類と種の経験的概念（スペキエス）に依拠することから、カントの経験的概念の図式（類型表象、Uzawa 2012）やロースの非概念主義に接近している。ハナとアライスは、非概念主義の直観理解と第二六節の議論との間に、理解の隔たりがあることを認めている。しかしながら、第二六節のテキストを矛盾なく理解できるならば、この理解の隔たりを埋めることは、決して不可能ではない。構想力の総合並びに諸表象の時間関係は、直観の構成の場面と認識の構成の場面とでは、明確に区別される。この点に留意するならば、修正された概念主義と相対的非概念主義は、矛盾することはない。むしろ、それらは、異なった地点から、直観と概念の相補的関係という一つの方向を示唆しているのである。

この直観と概念の相補的関係は、図式論において詳細に展開されている。経験的対象に関する認識（判断）が、図式化されたカテゴリーによって成立するならば、この判断形式には、必然的に超越論的時間規定が含まれている。この場合、判断形式は、無時間的な思考の形式ではなく、まさに時間的に把握されることになる。

具体的に見ていくならば、量のカテゴリーの図式である「時間系列」すなわち「数」は、判断の全称、特称、単称を規定し、質のカテゴリーの図式である「満たされた時間と空虚な時間」は、肯定判断と否定判断、そして、それらの組み合わせである無限判断を定立する。実体のカテゴリーの図式である「持続性」は、定言判断の主語を定立する。因果性のカテゴリーの図式である「多様なものの継起」は、原因と結果から成る仮言判断、そして、相互性のカテゴリーの図式である「ある規定と他の規定の同時存在」は、選言判断を形成する。可能性のカテゴリーの図式としての「ある時」は、判断の可能性（…でありえる）、現実性のカテゴリーの図式である「規定された時」は、判断の現実性（…である）、そして、必然性のカテゴリーの図式である「全ての時間」は、判断の必然性（…でなければならない）を可能にする。このように、図式化されたカテゴリーは、上述の判断形式の時間化によって、まさに経験的内容を伴いながら、対象に関する具体的な判断（認識）を可能にする条件として、はたらくのである。

このように、図式化されたカテゴリーが、経験的な判断や認識を可能にするのであれば、修正された概念主義も相対的非概念主義も、対象に対する経験的概念（スペキエス）を使用する限り、カントの超越論的時間規定（図式）を前提せざるを得ない。なぜなら、一定の形態と大きさを帯びた経験的対象の認識と判断は、図式化されたカテゴリーによる経験的多様の総合的統一、並びに、経験的概念の図式を通じて、初めて可能になるからである。その意味で、図式化されたカテゴリーは、認識や判断の構成原理として、現代の論争が歩み寄りつつある地点を示唆している。最終節では、これまでの議論を総括し、カントの時間論の現代的意義について論及しよう。

おわりに——カント時間論の現代的意義

直観と概念をめぐる論争を引き起こした、テキストの解釈上のアポリアは、直観と概念を媒介する超越論的時間規定（図式）に遡及することで解決される。エルンスト・カッシーラーの言葉を使うならば、感性的総合、すなわち、多様の総括及び合成は「系列（Folge）」（Cassirer 2000: 40）の形成として時間的に理解される。概念的総合、すなわち、多様の包摂は、図式化（時間化）されたカテゴリーによる認識（判断）の統一として把握される。前者は、カントの説明では、純粋及び経験的総合の第一及び第二契機、そして、後者はその第三契機に対応する。また、前者は量的統一、後者は「質的統一」（B131）と特徴づけることもできる。認識（判断）が成立するのは、この後者においてのみである。

表象は時間系列の「いずれかのとき」（II 401）に存在する。また、カテゴリーの時間図式は、全ての判断形式に含まれている。そして、時間はア・プリオリな直観形式として、全ての経験的直観の条件である（vgl. A30/B46）。比喩を用いるならば、我々の全ての経験的対象の表象は、ことごとく時間というコード（規則）によって記述されている。経験的対象の直観も、思考も、認識もこのコードの外部では存在しえず、時間はあまねくその対象の表象に行き渡っている。[9]

カントの時間概念は、前批判期の『感性界と叡知界の形式と原理』（一七七〇年）では「感性界の絶対的に第一の形式的原理」（II 402）とされ、さらに批判期の『純粋理性批判』では、純粋悟性概念の「図式」として展開される。そこでは、時間は「全ての表象の結合の形式的条件」（A138/B177）として、カント認識論の土台を成している。哲学史を振り返るならば、哲学の先達にも、同時代の同僚達にも、カントの時間論に匹敵する思想を提示した者はいなかった。また、この論点は、カント哲学をライプニッツの汎論理主義やヘーゲルの思弁哲学から区別する分岐点でもある。概念主義と非概念主義の論争についても、時間概念に基づいて、テキストの矛盾のない読み方を提案することができる。そして、現代において超越論的論理学の復権をめざすセバスティアン・レードルの「時間の遍在化」（vgl. Rödl 2005）の試みも、このカントの図式論の思想に淵源する。教授資格論文で姿を現した、ア・プリオリな時間直観の概念は、批判期に「図式」として展開され、カント理論哲学の礎となった。今日でもその命脈は保たれ、論理学の議論の中で輝きを放っている。その意味で、カントの時間概念に「批判哲学がめざしたもの」に相応しい、思想の深さと広がりを見ることとは、牽強付会の試みではないであろう。[10]

註

（1）マクリーアによれば、マクダウェルとハナは、それぞれの立場の代表的論者であると同時に、それらのラディカルな提唱者でもあった。しかしながら、議論が進展していく中で、二人は基本的な立場を維持しながらも、歩み寄りを示している。Vgl. 村

井 2013, McLear 2014: 776, Schulting 2015, 中野 2017.

（2） セラーズやマクダウェルの「所与の神話」については、Watkins 2008, 2012, 村井 2013 を参照されたい。

（3） マクダウェルとハナの論争の詳細については、中野 2017, 2021 を参照されたい。

（4） ハナには、この他に「二つの手」（不一致対象物）と「はぐれ対象」という論拠がある。詳細については Hanna 2011b, 中野 2017, 2021 を参照されたい。

（5） アライスのカント解釈のテキスト上の論拠、並びに対象の第二性質（色彩）の類推の詳細については、千葉 2018 を参照されたい。

（6） Vgl. Rohs 1977: 191ff., 200ff., Rohs 1973: 115ff., 118ff., 中島 2001: 232f.

（7） 外的対象による外官の触発は「外的触発」、統覚による内官の触発は「内的触発」（B153f.）と呼ばれ、後者がいわゆる自己触発に該当する。自己触発の問題圏とその影響に関しては、湯浅 2003 及び中野 2021 を参照されたい。

（8） 数は最も抽象的な変項（variable）の集合であり、同種的なものであれば、どのようなものであっても、数でもってそれらの集合を取りまとめることができる。要するに、数は同種的なものの集合の純粋な表現なのである。カントの説明によれば、数とは、直観の把捉において「時間自身の産出による、同種的な直観一般の多様の総合の統一以外のなにものでもない」（A142f./B182; 傍点筆者）。時間自身を産出するとは、同種的なものを一つ一つ継起的に加えていくこと（*ibid.*）であり、その個々の要素の取りまとめ、すなわち、それらの統一が数である。数は直観における把捉の総合の基本原理なのである。

（9） ア・プリオリな時間直観の特性は、前批判期の『感性界と叡知界の形式と原理』（一七七〇年）では「時間の遍在性」（ubiquitas temporis, II 401）と特徴づけられている。しかし、前批判期では二つの領域の形式間の「接触」（II 411）、言い換えれば、感性と悟性を媒介する図式（第三者）は、略述が予告されているにもかかわらず、この時期ではまだ考えられていない。

（10） レードルは、カントの図式論をモデルにして、論理学や文法（動詞の相や時制）における総合が、本質的に時間的特性を持っていることを明らかにした。彼の時間の遍在化の解釈は、筆者の理解では、カントの「超越論的文法」（XXVIII. 2.1: 576f.）という発想を具体化したものである。

参照文献

Allais, Lucy 2009: Kant, Nonconceptual Content and the Representation of Space. In: *Journal of the History of Philosophy*, 47(3),

383–413.

——— 2015: *Manifest Reality. Kant's Idealism and his Realism,* Oxford University Press.

——— 2016: Conceptualism and Nonconceptualism in Kant: A Servey of the Recent Debate. In: Dennis Schulting (ed.) *Kantian Nonconceptualism*, Macmillan Publischers, 1–25.

Cassirer, Ernst 2000: *Substanzbegriff und Funktionsbegriff,* Meiner Verlag.

千葉清史 2018:「超越論的観念論と反応依存性——その反‐懐疑論的帰結——」、『思想』一一三五号、一四三—一五九頁。

Hanna, Robert 2001: *Kant and the Foundations of Analytic Philosophy*. Oxford University Press.

——— 2008: Kantian Non-conceptualism. In: *Philosophical Studies,* 137(1), 41–64.

——— 2011a: Beyond the Myth of the Myth: A Kantian Theory of Non-Conceptual Content. In: *International Journal of Philosophical Studies*, 19(3), 323–98.

——— 2011b: Kant's Nonconceptualism, Rogue Objects, and the Gap in the B Deduction. In: *International Journal of Philosophical Studies*, 19(3), 399–415.

近堂秀 2018:『純粋理性批判の言語分析哲学的解釈——カントにおける知の非還元主義——』、晃洋書房。

McDowell, John 1996: *Mind and World: With a New Introduction*. Harvard University Press.

——— 2009: *Having the World in View. Essays on Kant, Hegel, and Sellars,* Harvard University Press.

McLear, Colin. 2014: The Kantian(Non)-conceptualism Debate. In: *Philosophy Compass*, 9(11), 769–790.

村井忠康 2013:「超越論的演繹を投げ捨てることの難しさ——マクダウェルの治療的カント解釈をめぐって——」、日本カント協会編、『日本カント研究』一四号、七四—八七頁。

中島義道 2001:『カントの時間論』、岩波書店〔岩波現代文庫〕。

中野裕考 2017:「概念主義論争とカントの知覚論」、『人文科学研究』第一四号、九九—一〇七頁。

——— 2021:『カントの自己触発論——行為からはじまる知覚——』、東京大学出版会。

Rohs, Peter 1973: *Transzendentale Ästhetik*. Hain.

——— 1977: Transzendentale Apperzeption und ursprüngliche Zeitlichkeit. In: *Zeitschrift für philosophische Forschung,* 31(2), 191–216.

——— 2001: Bezieht sich nach Kant die Anschauung unmittelbar auf Gegenstände? In: V. Gerhardt, R.-P Horstmann und R. Schumacher (Hg.), *Kant und die Berliner Aufklärung*. Akten des 9. Internationalen Kant-Kongresses, Bd. II., Walter de Gruyter, 214-228.

Rödl, Sebastian 2005: *Kategorien des Zeitlichen: Eine Untersuchung der Formen des endlichen Verstandes*. Surhkamp Taschenbuch Wissenschaft.

Schulting, Dennis 2015: Probleme des kantianischen Nonkonzeptualismus im Hinblick auf die B-Deduktion. In: *Kant-Studien*, 106 (4), 561-580.

——— 2016: Dennis Schulting (ed.) *Kantian Nonconceptualism*. Macmillan Publischers.

——— 2017: *Kant's Radical Subjectivism. Perspectives on the Transcendental Deduction*. Macmillan Publischers.

Sellars, Wilfrid 1978: The Role of the Imagination in Kant's Theory of Experience. In: *Categories: A Colloquium*, Pennsylvania State University, http://www.ditext.com/sellars/ikte.html. 引用は段落番号を使用。

——— 1997: *Empiricism and the Philosophy of Mind*. (Originally published in Minneapolis 1956), Harvard University Press.

Speaks, Jeff 2005: Is There a Problem about Nonconceptual Content? In: *Philosophical Review*, 114 (3), 359-398.

Uzawa, Kazuhiko 2001: Das Problem der Gestaltung in der Kritik der reinen Vernunft. In: *Kant und Berliner Aufklärung*. Akten des 9. Internationalen Kant-Kongresses, Bd. II, Walter de Gruyter, 119-32.

——— 2010: *Einbildungskraft - Philosophische Bildtheorie bei Leibniz, Hume und Kant*, Münster (Westfalen), Univ., Diss.

——— 2012:「感性的概念の図式――心象の構成と判定の原理――」、日本カント協会編『日本カント研究』第一三号、一一九―一三二頁。

——— 2018:「カテゴリーの演繹論と図式論――超越論的真理概念をめぐって――」、牧野英二編『新カント読本』、法政大学出版局、一三九―一四九頁。

Watkins, Eric 2008: Kant and the Myth of the Given. In: *Inquiry*, 51 (5), 512-531.

——— 2012: Kant, Sellars, and the Myth of the Given. In: *The Philosophical Forum*, 43 (3), 311-326.

山根雄一郎 2005:『〈根源的獲得〉の哲学――カント批判哲学への新視角――』、東京大学出版会。

湯浅正彦 2003:『存在と自我――カント超越論的哲学からのメッセージ――』、勁草書房。

Ⅱ　カントにおける否定性の問題
——欠如の表象可能性をめぐって——

繁田　歩

はじめに

我々の身の回りには影や冷たさなどの欠如態が当然のようにあり、それに言及することで我々は欠如態を対象としているように思われる。しかし、欠如はいかにして表象できるのかという問いは、いまだ解決をみない哲学的な問いであり、広く人々の関心を集めてきた。多くの場合、一切の欠如態は実在性に従属的なので真正の対象ではないとされるが、この標準的な見解の根底には、実在性の否定性に対する「優位」という思想がある。

カントの『純粋理性批判』(以下、『批判』)において「欠如」に密接に関連するのは、「質」カテゴリーの第二項目にあたる「否定性 Negativität」である。この概念は、図式論では時間内容の「空虚」、原則論では内包量の「0」、そして無の表では「欠如無」として一貫して論じられている。しかし、この円滑な議論展開は、否定性の対象とは何か、と問われた瞬間にある解釈上の難問に変貌する。つまり、カテゴリーは直観の多様に関わることで有意味となるが、もし否定性の対象が欠如態であるならば、否定性は感性的内容によって充足されえず、したがって、経験を成立させないことになる。この帰結は、若干のカテゴリーは認識を成立させないことを意味しており、カテゴリーは経験の可能性の条件であるというカントの根本主張と齟齬をきたす。問題解決にむけ本論文では、否定性の対象として想定される「0」の真相を再考することで、この否定性カテゴリーのジレンマに対し、欠如の表象不可能性を強調した先行研究とは反対に、カントにおける0の表象可能性をしめす新しい解釈を提示することを目指す。

右のジレンマに対してすでに三つの解決がしめされてきた。第一に、Maier のように、質カテゴリーにおける「実在性の優位」[1]を主張し、否定性を実在性に還元することで、否定性に相関する対象を想定しない立場。第二に、Lütterfelds や牧野のように、0の真意を「極少的実在性の度合い」と解することで、否定性が感覚所与に関係する可能性を保持する立場。そして第三に、滝沢、Giovanelli、Blomme のように、欠如態を実在性と否定性が相互に打ち消しあうことで生じる無関心の点とすることで、相対的な欠如表象の可能性を容認する立場がある。第三の立場は、カントの「実在的対立」論をふまえ確実となる立場であり、現今もっとも魅力的な選択肢である。これら三つの立場は、欠如を実在性に相対的に論じるため、本論文では〈欠如に関する相対的解釈〉と総称する。

しかし、第二節に示すように、相対的解釈を貫徹させる場合、我々はカント哲学の主要テーゼを手放し、「実在性の優位」という前提をカントに負わせることが不可避となる。そこで、相対的解釈とは異なる理路を探ることが喫緊の課題となる。筆者は〈欠如に関する絶対的解釈〉[2]、つまり、相対的な欠如だけではなく、完全な欠如の表象可能性をも容認する立場を対抗解釈として提示する。この立場は、不条理にもみえるかもしれないが、しかし「時間」の形式性に関するカントの議論に立脚しており、批判哲学の骨子にかかわる論点であることが最終的に明示されるであろう。絶対的解釈が相対的解釈に比して優れているのは、欠如態にまつわる解釈上の困難が解決される点においてだけでなく、その解決方法がカントの他の主張を最大限保持しつつ無矛盾に可能であるという点にある。

本論文の議論は次の順でおこなわれる。第一に、欠如表象の可能性を容認するか否かの選択がカント解釈にどのようなジレンマを惹起するかを見定める。第二に、相対的解釈の三つの立場を概観することで、三つ目の立場が有望ではあるが、依然として高い解釈コストを要していることを指摘する。第三に、B版の予料論にカントが追加した第一段落を検討することで、絶対的解釈の内実を確定する。本論文を通じて、欠如表象のジレンマに新しい解決の方策を提示するとともに、カントが「実在性の優位」[3]という哲学的常識すら白紙化していることを指摘し、それが形而上学の「予備学」という役割をになう批判哲学がめざしたものであることをしめす。

一　問題の所在

図式論と原則論における「質」の議論を概観し、カントが「欠如」に多義的な説明を残していることを確認しよう。欠如にはいっさいの実在性を欠いた完全な空虚状態を意味する狭義の欠如と、実在性の度合いが相対的に低下している状態をさす広義の欠如という二つの意味があり、そのどちらを許容するかによって解釈上の立場が定まる。つまり、完全な欠如を否定し、欠如とは低下した実在性の度合いに関する副次表象であるとする場合、欠如に関する相対的解釈となるが、相対的欠如だけでなく完全な欠如も認める場合は欠如の絶対的解釈を採ることになる。

まず図式論が絶対的解釈を支持していることを確認する。質の図式は「時間内容」である（A145/B184）。「質」の各三項目に即していえば、実在性は時間における感覚の充足、否定性は時間における感覚の欠如、制限性は時間における感覚の部分的充足、と整理できる。カントも次の引用では否定性と完全な0の一致を明記している。

> 純粋悟性概念における実在性は感覚一般に一致するものであって、したがって概念それ自体が（時間における）存在をしめすものである。否定性は、その概念が（時間における）非存在を表象している。したがって、両概念の対置は同一の時間が充足された時間であるか、空虚な時間であるかの区別において生じる。〔…〕それぞれの感覚には度合いないし量があり、それによって感覚は同一の時間つまり内官を、ある対象の同一の表象について感覚が無（＝0＝negatio）に至って止むまで、多くあるいは少なく満たすことができる。（A143/B182f.）

引用でカントは質カテゴリーから実在性と否定性を挙げ、実在性は「感覚一般」に一致し「その概念それ自体が」時間における存在、つまり感覚による時間充足をしめし、否定性は時間における感覚の非存在、つまり時間の空虚さをしめしていると説明する。「時間における」とあるように、ここでの充足と空虚の対比は、時間という「形式」が、感覚の「質料」で充足されるか否かという観点で述べられている。引用で否定性は「（時間における）非存在を表象」すると説明されるが、「感覚の無」が「0 = negatio」と等号で結ばれるように、この「0」とは相対的欠如ではなく、感覚質の完全な欠如のことである。図式論の記述は完全な0と否定性の一致を明示しているのである。

次に、原則論の中の予料論では相対的欠如と絶対的欠如の両方が論じられていることを確認する。『批判』の原則論は、『自然科学の形而上学的原理』で「自然一般の形而上学」(IV 473)とよばれる水準の議論である[4]。質に該当する「知覚の予料」とは「すべての現象において、感覚の対象である実在的なものは内包量つまり度をもつ」(B207)という原則である。カントは内包量を「流率的 fließend」(A170/B211)なものとし、実在性から否定性の間に無限の「中間感覚」があると述べることで(A168/B210)、感覚の度合いが非外延的な連続量であることを強調している。この点をふまえれば、内包量の逓減はけっして完全な欠如には至らない、と自然に推察される。実際に、カントは次のような記述を残しており、これは完全な0をカントが拒絶している具体的な証拠とみなされうる。

直接的に証明されようが間接的にであろうが(推論におけるどんな迂回をしようと)、現象において一切の実在的なものが完全に欠けているということのいかなる知覚も、したがっていかなる経験も可能ではない。すなわち、経験からは空虚な空間や空虚な時間に関するいかなる証明も導かれることはないのである。(A172f./B214)

ここでは完全な欠如はいかなる意味でも不可能とされている。前批判期の『負量の概念』ですでに同様の理由から絶対零度が否定されており(II 184)、『自然科学の形而上学的原理』でも完全な空虚の想定が無用とされている(IV 563)。これらの事実から、完全な欠如は表象できないというのがカントの公式見解であるように思われるのである。

それにもかかわらず、カントは予料論において明らかに完全な欠如としての0の表象可能性を示唆している。

感覚を媒介するにすぎない覚知は、ただ瞬間を(つまり多くの感覚の継起を考慮しないとすれば)みたすだけである。感覚は現象において、その覚知が部分から全体の表象へ進む継起的総合ではない或るものだから、感覚は、したがって外延量をもたない。つまり、当の同一の瞬間にあって、感覚が欠如している場合には、その感覚は空虚なもの、すなわち0として表象されることになる。ところで、経験的直観において感覚に一致するものは実在性（現象的実在性）であり、感覚の欠如に一致するものは否定性つまり0である。（A167f./B209f.）

引用前半でカントは感覚把握が特定の「瞬間」に限定されており、継起的総合を考慮しないと述べることで、内包量の特質を確認している。現在の議論にとって肝要なのは、引用の後半でカントが特定の瞬間における感覚の空虚は「0として表象される」と述べていることである。後続する箇所では、この0は感覚が消滅した「ゼロないし完全な否定性 gänzliche Negation」であるとされ、それに隣接する「中間感覚」から区別されている（A168/B210）。この箇所で論じられている0とは、相対的欠如ではなく完全な欠如であり、否定性カテゴリーがそれに一致することで表象されうると理解できる。このことは「否定性＝0」という表現からも明確である。以上の事実から、我々は右の引用でカントが述べていたことを、〈感覚の完全な欠如は否定性カテゴリーを通じて0として表象される〉とパラフレーズできる。したがって、この引用は図式論の箇所と同様に、完全な欠如を示唆しているのである。以上の三つの引用に鑑みると、カントは完全な0に対する肯定と否定をほとんど並行して残しているといえる。以下では、この混乱が単に記述上のものではなく、看過しえない論証上のジレンマに発展することを確認しよう。

ここでは、カントの根本的で明示的なテーゼについて掘り下げることはせず、否定性のジレンマの内実に議論を集中させる。カントが次の三つの主張をしていることは疑いようがない。第一に、カテゴリーはその全十二項目をもって完全な体系とみなされること。したがって、実在性、否定性、制限性は相互に還元不可能であること（カテゴリーの完全性）[5]。第二に、すべての経験的・総合的認識はカテゴリーが直観の多様に適用されることでのみ可能であること（カテゴリーの超越論的演繹）[6]。第三に、『批判』の構造として、カテゴリー論は図式論や原則論の土台をなすのであり、前者は後者よりも基礎的であること（分析論の一貫性）[7]。ジレンマの所在は、相対的解釈も絶対的解釈も三命題のいずれかから離反するという点にある。

まず、これまで主流となってきた相対的解釈の戦略を理解するため、完全な欠如が可能だと仮定しよう。その場合、否定性はこの完全な欠如に総合的に関係することになる。しかし、認識の成立には直観の多様が必要となるため、所与の完全な欠如を意味する0は総合できず、否定性は必然的に内容を欠くこととなる。この結論は超越論的演繹の帰結と矛盾する。したがって、完全な0は不可能なのだ、と相対的解釈は主張する。

他方で、相対的解釈はカテゴリーの独立性テーゼと相性が悪いようである。このことを理解するために、完全な欠如を不可能であると仮定しよう。我々は完全な欠如の不可能性から、すべての欠如の不可能性を推論することはできない。というのも、「机の下に影ができている」という発言がナンセンスでないように、実在性に相対的な欠如は依然として許容されるからである。この相対的欠如に否定性カテゴリーが合致するならば、否定性は総合的でありうる。というのも、相対的欠如は若干の実在性を持つからである。しかし、たとえ相対的欠如が完全な0に無限に接近したとしても、極少度の感覚が残るため、それは実在性の対象である。つまり、我々は極少の実在性を否定性と誤解しているに過ぎないのであり、したがって、否定性は実在性に従属的であることになる。この帰結はカテゴリーの完全性テーゼに矛盾するため、完全な欠如を断固として許容しない相対的解釈もまた問題含みである。

もし我々がこの困難を回避するために選択肢を両方とも拒否すれば、それはカテゴリー論が図式論、原則論に一貫しないことを認めるのと同断であり、分析論の一貫性テーゼから離反してしまう。したがって、我々はこのジレンマの角のあいだをすり抜けることはできず、いずれかの角に真剣に立ち向かう必要がある。先行研究は第二の角にとりくみ、否定性は実在性に相対的な欠如を把握すると解する〈欠如に関する相対的解釈〉を採ってきた。筆者は反対に、完全な欠如の意味を洗練することで第一の角をとり、〈欠如に関する絶対的解釈〉の擁立を目指す。

二　先行研究の検討

冒頭で触れたように、煎じ詰めれば既存の解釈はすべて相対的解釈に分類される。本節では相対的解釈を最も強い形式で理解したうえで、残された問題点を指摘する。この立場の最初期の議論としてMaierを挙げることができる。彼女は完全な欠如を意味する「真の否定」と部分的な欠如を意味する「制限としての否定」の二義性を指摘し（Maier 1930: 41）[8]、経験の対象である「実在的なもの」は0と等しくなることはなく、したがって「否定性カテゴリーの対象的な相関者として把握されうるところの現象における欠如というものは存在しない」と結論した（Maier 1930: 61）。Maierは、欠如の対象性を否定することからさらに進んで、そもそも質カテゴリーとは実在性に一元化されるべきであって、否定性は独立した概念ではないと主張するにいたる。彼女は「いまや実在性のカテゴリーが事実上ただ一つの質カテゴリーであるということを我々は確証することができるであろう」（*ibid.*）と述べることで、質カテゴリーにおける「実在性の優位」を強調し、制限性は「制限づけられた度合いにおける実在性」であり、否定性は「消滅した度合いにおける実在性」であるとする[9]。この解釈によれば、欠如態に関係するのはあくまでも実在性であり、我々はその疑似表象を否定性と呼んでいるに過ぎないことになる。しかし、この理解はカテゴリーの完全性を、たんに名目的な主張とみなすことになるため、カントの記述とは整合しない。

牧野はMaier説を受け入れつつ、カントが影や寒さを、一方では「無」とするが、他方で「概念の空虚な対象」としている事実を「大きな困難」と評している（牧野 1989: 285）。「否定性カテゴリーをめぐる困難から脱却しうる唯一の方途」（牧野 1989: 286）として最終的にあげられるのは、Lütterfelds（1977: 424f.）が提唱した「極少的実在性の度合い minimaler Realitätsgrad」として欠如無の対象性を認めることである。「対象の欠如とみられた否定性としての「欠如無」は、完全なる空虚な感覚を表すのではなく、むしろ実在性の極少の度合いを表現する。〔…〕「欠如無」は実在性としての「或るもの」と不可分であり、それどころか「或るもの」の存在を前提するというべきである」（牧野 1989: 286）。この解釈によれば、否定性は「実在的なもの」を前提とすることでのみ、その機能を果たすことができるのであって、極少的実在性の表象を疑似的に完全な欠如とみなしていることになる。

牧野説に対し滝沢は二つの問題点を指摘した。第一に、牧野による欠如態の定義は強すぎるという。というのも、欠如態を積極的なものの完全な欠如（あるいは極少の状態）として理解するかぎり、欠如無の例である影や寒さは欠如態としての資格を失ってしまうからである。滝沢の言うように、牧野説では「スープが冷たくあるためには、スープの温度は絶対零度でなければならない」ことになるため、我々の直感に反している（滝沢 2016: 56）。第二に、滝沢はカントの議論にもメスを入れている。つまり、予料論におけるカントの欠如理解は、感覚インプットが認識主体に引き起こす反応の分析について「素朴にすぎる」ため、実在性の欠如を感覚インプットの欠如と同定し、さらには感覚インプットの欠如は欠如態の認識一般の不可能性を含意するという受け入れがたい結論をもたらしているというのである（滝沢 2016: 57）。対抗解釈として提示された滝沢説の要点は、欠如をある文脈における認識主体の期待を下回った感覚とみなすことである。例えば、スープの最適な提供温度として、摂氏六十七度が期待されるが、摂氏十度で提供された場合は「冷たいスープ」であり、四十度では「冷めたスープ」と判定されるであろう。冷たさが「対象」であるのは、それが熱モーメントの完全な欠如（絶対零度）ではないからであり、同時にそれはある期待値を下回るため「欠如無」なのである。この考えは明らかに牧野説よりも実感に即している。この表象可能な欠如という論点は、滝沢も意識しているように、カントの「実在的対立」論へと接続している。

実在的対立を質カテゴリーの根幹とみなしたのはGiovanelliである。[10] 彼は否定性を、ある実在的なものに「相対的に」反対を向いている、別の実在的なものとして理解する。つまり実在性と否定性の対比は「たんなる相対的な質的差異」なのであり、「0」という特殊例は、すべての実在性が消滅した状態ではなく、むしろ「無関心の点point of indifference」なのである（Giovanelli 2011: 232）。たしかに、カントは「連続性の法則」として「aと$-a$（例えば磁石における引力と斥力）の間には、事物の性質が消え、0と等しくなる点がある」（XVIII 624）と述べ、別の箇所では「静止とは否定無ではなくたんなる欠如無である。無関心の状態がゼロなのである」(XXVIII 635) と述べている。これらの記述からGiovanelliは「現象における否定性は実在性の矛盾対当ではなく、むしろそれ自身が実在性である」と結論する (Giovanelli 2011: 232)。肝心なのは、この「無関心の点」としての「0」とは、図式論や原則論でカントが言及しているような、否定性に一致する内包量の0ではなく、むしろ実在性と否定性の中間にある第三者、つまり「制限性」としての0だということである (XXI 461; XXVIII 635)(11)。Giovanelliのように実在的対立論を質カテゴリーの根幹とする場合、否定性も実在性も「実在的なもの」である。この観点から予料論を再構成すれば、実在的対立の様々な結果として感覚の度合いが量的に決定され、その特殊例である無関心の点が「0」と呼ばれることとなる。Giovanelliと滝沢の解釈を統合すると、欠如無が「対象」であるのは、それぞれが実在的根拠に基づいているからであり、「無」であるのは一方が他方を打ち消しているからということになる。

しかし、前批判期と批判期の接続と差異については議論の余地がある。Blommeはカントの思想展開の機微をとらえ、実在的対立論が批判期における内包量の説明では後景に退いていることを指摘している。彼によれば、批判期のカントは「寒さ」を実在的対立の帰結とすることに固執せず、むしろ同一の現象に関する観点の違いを重視する (Blomme 2019: 1039)。論拠となっているのはカントの「事象そのもの」と「たんなる現象」に関する区別である。例えば、「虹」の現象は、我々に虹のリアリティを印象付けるが、実際の本体は雨粒なのであり、「虹」は特定の条件下でしか知覚されないため「たんなる現象」に過ぎない (A45/B63)。Blommeの見解では、「寒さ」について同様の関係が成り立つのである。つまり、寒さはその本体として存在するわけではないために「無」であるが、主観的に妥当な感覚の強度からして、熱さに相対的な「対象」(彼の言葉遣いに従えば、「準対象 pseudo-object」) である (Blomme 2019: 1041-2)。Blommeの理解は実在的対立論について一定の制約を付けつつ、滝沢のように観点を重視する欠如態の理解を支持するため (Blomme 2019: 1040)、第三の立場への魅力的な補強とみなすことができる。

以上の概観から、第三の解釈は以前の立場を改善したものであり、「欠如無」の理解に確実な論点を提供していることが確認された。しかし、相対的解釈においては、無の表とカテゴリー論とを接続しようとするあまり、図式論や原則論について十分な検討がなされてこなかったのも事実である。というのも、牧野らのように否定性カテゴリーが関係する欠如態を「極少の実在性」へと読み替えた場合にも、滝沢らのように0の意味を「無関心の点」とした場合にも、図式論と予料論でカントが0の表象可能性を示唆していることは説明されえないからである。唯一、Giovanelli は予料論を検討したが、0を制限性と採る彼の解釈は、カントが繰り返す「否定性＝0」という等式に一致しない。また、Blomme の議論を考慮するなら、批判期の予料論に実在的対立論を導入しないほうがよい可能性すらある。つまり、カントにおける「0」の表象可能性を説明しうる道筋は依然として立っていないのである。

ここで相対的解釈を採用した場合に導かれるもっとも基本的な予料論の理解を定式化しておきたい。

（予料論の相対的解釈）ある現象の特定の感覚はなんらかの度合いをもち、それは $d1$ から $d0$ のいずれかである。

相対的解釈の共通点は0を「度合い」の一部ととらえることである。この $d0$ をどのように定めるかについては議論が分かれ、牧野らのように「極少の実在性」とすることも滝沢らのように文脈的な無関心の点とすることもできる。質カテゴリーとの関連で考えると、ある現象の感覚が十全に発揮された $d1$ の点を「実在性」とし、無限の中間段階を「制限性」とするのは自然である。しかし、否定性を極少の感覚に一致させることは、否定性が「実在的なもの」に関係することに等しいため、否定性と実在性との混同をきたしてしまう。しかし、滝沢らのように、定義として「0」とは、認識主体のその時々の文脈における無関心の点であるとする場合、実在性への還元という問題は生じない。したがって、やはり相対的解釈のうちでは、第三の立場が最も有望な選択肢であるということができる。

さて、この文脈主義的な戦略は人間の感覚に関する不確定的条件を前提としており、それを確定するには経験的心理学の知見が必要となる。たしかに、予料論の目標は、感覚がア・プリオリに何らかの内包量をもつことの論証であるから、それを主観に引き起こされる「感覚への影響の度合い」（B208）として説明することは可能である。

しかし、文脈主義的解釈は、原則論がもつべき法則的普遍妥当性と相性が悪い。というのも、原則論は「自然一般の形而上学」であって人間学ではないから、予料論の「0」を個別的観点へ相対化された意味で理解するのは不適切だからである。[12] したがって、我々は相対的解釈を採用する場合、カテゴリー論の完全性を廃棄するか、あるいは批判哲学に人間学的な要素を密輸入するかという、どちらも即座には容認できない見解に暗黙裡に導かれることになる。[13] この問題をふまえて、次節の議論で欠如に関する絶対的解釈という立場を提示したい。

三　代替案としての絶対的解釈

欠如に関する絶対的解釈を提示する前に、この解釈の成功条件を三つ定めておきたい。第一に図式論と予料論における0を文字通りに完全な欠如として理解すること、第二にその0と否定性カテゴリーの一対一関係を維持すること、そして第三に否定性カテゴリーが0に関係する可能性を説明すること、である。第一節で確認したように、カントにおいて0が完全な欠如を意味しうることはテキスト上の証拠に立脚しており、それをふまえ否定性カテゴリーと0との一対一対応を確保することができる。振り返れば、図式論には「否定性は、その概念が（時間における）非存在を表象している」（A143/B182）とあり、予料論では「当の同一の瞬間にあって、感覚が欠如している場合には、その感覚は空虚なもの、すなわち0として表象されることになる」（A167f./B209）という記述があった。にもかかわらず絶対的解釈が棄却されてきた主な理由は、カテゴリーであるかぎり否定性は所与を総合的に統一する必要があり、完全な欠如は対象になりえないというMaierの議論である。したがって、この解釈の成功条件の核は、完全な欠如でありかつ総合的に統一されうるような0の内実を説明することにある。

筆者は解決の糸口としてB版の予料論に追加された第一段落に着目したい。というのも、B版の書き換えが誤解を避けるためになされたという理解に従うならば（BXXXVIIf.）、この第一段落も予料論を理解するための一助として期待できるからである。さて、問題の第一段落は「感覚は内包量を有する」ことを簡潔に論証する箇所であり、三つに分節することができる。第一段階では、知覚とは経験的意識であって、感覚質をもつので、時間と空間のような純粋直観とは異なることが確認される。そして第三段階では最終的に導かれるべき、感覚は主観的表象であるから外延量はもたないが「内包量」をもつという主張がなされる。この二つの議論を連結するのが次の記述である。

さて、経験的意識から純粋な意識へといたるまでには、ある段階的変化が可能であるが、純粋意識にあっては経験的意識における実在的なものが完全に消滅し、空間と時間における多様なものに関するたんに形式的な（ア・プリオリな）意識だけがのこる。したがって感覚が量的に生産されて総合される場合にもそのはじまりである純粋直観＝0から任意の量にまでいたることが可能である。（B207f.）

我々はこの引用から二つの点に注目したい。第一に、経験的意識から感覚を「完全に」捨象したとき、何もなくなるのではなく、「多様なものに関するたんに形式的な（ア・プリオリな）意識」が残るといわれている点。第二に、「純粋な意識」は「純粋直観＝0」という等式に置換されているという点である。

第一の点については、感性論に立ち戻って理解すべきである。というのも、カントは感性論の「時間概念の形而上学的究明」において「現象がことごとく消滅することはありえる。しかし時間そのものは（現象を可能にする普遍的条件として）廃棄されることがない」（A31/B46）と述べていたからである。この廃棄しえない時間に関する主張は、形式的な表象のことであって、空虚な実体として時間形式が与えられるという不合理な主張ではない[14]。時間の形式性は「形而上学的究明」の論点であるから、このテーゼは「時間」概念を分析するだけで、ア・プリオリに確証されるという特異な性質をもつ（cf. A22/B36）。予料論の全体が、経験に左右されない時間のア・プリオリな形式性に立脚していることは、原則論が「自然一般の形而上学」であることと整合的である。

第二に、純粋直観が「0」とされていることに注目したい。我々は、この等式からカントが否定性に一致するものとしていた0とは「純粋直観」という形式的表象のことであると理解できる。この点をふまえれば感覚の欠如が0として表象される、という図式論と予料論に繰り返された奇妙な一文が理解可能となる（A143/B182; A167f./B209）。というのも、0を純粋直観と解するならば、否定性カテゴリーは完全な欠如に関係しえない、というジレンマの前提に対して誤謬を指摘しうるからである。否定性カテゴリーは、感覚の質料に総合的にかかわることはないが、それでもなお純粋直観に関係することで意義を持つのである。この点をふまえて予料論の原則を定式化してみたい。

（予料論の絶対的解釈）現象は意識をある感覚で満たすか、満たさないかのいずれかである。
前者の場合、感覚は内包量を持つが、後者の場合は「0」である。

絶対的解釈が相対的解釈と異なり0を「度合い」とみなさないことを強調したい。というのも、予料は「すべての現象における実在的なもの、感覚の対象であるもの、は内包量すなわち度をもつ」（B207）という原則であるから、度合いの担い手は「感覚」だけであり、したがって、完全な欠如は、連続する内包量の埒外に想定されるからである。さらに、完全な欠如を否定する論拠と信じられてきた、「経験からは空虚な空間や空虚な時間に関するいかなる証明も導かれることはない」（A172f./B214）という記述も、「経験からは aus der Erfahrung」と条件づけられていたのであって、直観の形式は非経験的な究明において完全に空虚でありえたのである。したがって、感覚の内包量と、純粋直観としての0は両立可能なのである。このような絶対的解釈によってはじめて、否定性が完全な欠如に関係するということが理解可能となり、同時に、質カテゴリーの完全性を擁護することもできるのである。

絶対的解釈による予料論の理解を具体的に説明しよう。第一に、原則論にとって核となるア・プリオリな水準での欠如表象の意味を確定しよう。B版に追加された第一段落に見たように、完全な0とは知覚で満たされていない時間形式に関する純粋意識のことであった。感覚がまったく与えられない場合、意識はその空虚な直観形式に質カテゴリーを投じるよりほかにない。ここでは「実在的なもの」がないのであるから、機能する概念は否定性である。

これは、いわば網を投げたが魚が取れなかったのと同様の状態である。当然、魚が取れなくとも網と海は残されるのだから、完全な0が形式として表象されることは不合理ではない[15]。第二に、ア・ポステリオリな水準での欠如的表象を考えてみよう。我々の経験的意識には常に様々な知覚が無秩序に与えられており、それにカテゴリーが統一をもたらす。「質」について言えば、「赤色」という感覚について把握を試みたとき、赤色感覚が与えられれば実在性が機能し、赤色に類するオレンジ色などが与えられれば、制限性がそれを「非赤色」として把握する[16]。

では否定性はどう機能するのだろうか。絶対的解釈で重要なのは、例えば人間にはほとんど弁別できないような、きわめて薄い赤色感覚があったとしても、それは否定性カテゴリーの真正な対象ではないという点である。極少の実在性を否定性の対象とするのは相対的解釈の戦略であった。絶対的解釈で赤色の完全な欠如を経験的に示すのは、むしろ、「青色」が鮮明に知覚されたような場面である。一つの対象が同一の時点において「赤でありかつ赤でない」ことは不可能であるため[17]、現象的実体がとりうる選択肢は、赤であるか否かのいずれかである[18]。しかし、ある現象が「赤でない」ことは、それが無色であることを結論せず、むしろ別の感覚、例えば青色が与えられていることを意味する。したがって、対象が青色であることは赤色の0と言い換えることができるのである。常に多様な知覚にさらされている経験的意識において否定性が働くことは、同時に別の感覚について実在性が働くことと相補的であり、それぞれが総合的に認識を構成するのである。したがって、経験的次元においても、否定性によって欠如を表象することはできるのである。経験的水準で、否定性は実在性と相互規定的に機能しており、相対的解釈の主張はこの意味で正当化されるのである。とはいえ、実際にどんな感覚が与えられるかはア・ポステリオリに定まるため、「経験にゆだねられたまま」(A176/B218)であり、予料論の核心的な論点とは言えないのである。

以上のように、絶対的解釈であれば0を、「極少の度合い」や「準対象」といった疑似知覚とみなすことなしに説明することができる。解釈の成功条件を振り返れば、絶対的解釈は0を完全な感覚の欠如とし、0と否定性カテゴリーの一対一対応を保持し、さらに否定性カテゴリーが純粋直観に総合的に関係すると説明することで、三つの条件を満たしている。この解釈はさらに、否定性カテゴリーの実在性への還元や、予料論の行き過ぎた文脈主義といった相対的解釈に固有な困難をも免れているため、カント批判哲学の骨子との一貫性という点でも優れている。

最後に、絶対的解釈であっても欠如態を表象するには、欠如しているところの何か実在的なものを前提しているのではないか、という可能な反論を検討しよう(19)。簡潔に言えば、この批判は実在性と否定性の論理的な相互規定を存在論的な意味と混同した場合にのみ成立するため、絶対的解釈を覆すものではない。確かに、「*p*は*p*とともに成り立つであろうし、記号的には*p*が先行することを認めなければならないだろう。しかし、このことは直ちに、すべての否定判断は「実在的なもの」を前提としてのみ可能となるという存在論的・形而上学的帰結を含意しない。この批判が成り立つためには、例えばバウムガルテンらが矛盾律を「存在」の第一原理としたのと同様に、論理的肯定／否定を実在的なそれと同一視する必要がある。したがって、実在性と否定性を等しく根源的な概念と理解する絶対的解釈と真っ向から対立するためには、カントが非難してやまなかった、論理と実在を混同する古き形而上学へと立ち戻らなければならないのである。絶対的解釈にとって肝心なのは、否定性カテゴリーの独立性をふくむ、質カテゴリーの完全性を保持することであった。我々は、表象可能な「0」の真意を、純粋意識において純粋直観にカテゴリーが適用されることで生じる、形式的表象のことであると理解することで、この目標を達成することができた。これまでの議論をふまえれば、欠如態に関するカントの記述を、先行研究のように相対的な意味で理解するだけではなく、むしろ絶対的解釈から再構成することが有意義であることは明らかであろう。

おわりに

本論文の目標は、カントが予料論で論じる「0」と否定性カテゴリーとの対応関係を説明することであった。第一節でみたように、カントの「0」を完全な欠如と解する道は Maier によって打ち捨てられ、0を相対的な欠如として解釈する路線がながらく採られてきた。しかし、第二節で説明したように、この立場には否定性を実在性へ還元し、カテゴリーの完全性を棄損するか、それとも0を心理的に相対的なものと定義することで、原則論を人間学的考察へ貶める危険性が潜んでいた。この問題をふまえ本論文では、絶対的解釈というこれまで不可能とされてきた解釈を試みた。第三節で論じたように、解釈のカギは、B版の予料論に追加された第一段落で、「純粋直観」が0と等置されていたことであり、空間と時間の形式性という感性論に由来する議論を介して、否定性カテゴリーは感覚内容によって充足されていない直観の「形式」を0として表象する、という解釈に到達することができた。

最後に、否定的事態は肯定的事態を前提とするという「実在性の優位」の思想と、カント批判哲学の関係性について論じることで、本研究が批判哲学の目指したものの一側面に光を当てていることを示す。筆者の見解では、カントの記述を理解するためには、絶対的解釈の見解を認めることが不可欠となる。しかし、カントにそのような常識に反する立場を帰することに違和感を覚える解釈者もいるだろう。というのも、たとえ完全な欠如の「表象」が、直観形式と悟性の形式との総合によって可能であるとしても、完全な欠如が厳密な意味で「経験される」ことはありえず、この点でカントは標準的な見解に一致するからである。この事実は相対的解釈をカント解釈の正統とする重要な下支えであった。したがって、カントの記述に絶対的解釈の可能性を主張する筆者の議論は、批判哲学の骨子に関係するものではなく、単にミスリーディングな文面の些事に拘泥しているように思われるかもしれない。

しかし、筆者の考えによれば、完全な欠如を否定するのは、分析論の「結論」であって「前提」ではない。カントは「実在性の優位」を議論の出発点としておらず、この常識を白紙化することがまさに批判哲学のめざしたものなのである。このことは「無の表」の導入部分から看取できる。「超越論的哲学が通常そこからはじめられる最高概念は、一般に可能なものと不可能なものの区分である。しかし、すべての区分は区分されるところの概念を前提とするのだから、さらにより高次な概念がしめされる必要がある。その高次の概念とは、（蓋然的にとらえられており、その対象が或るものであるか無であるかについて決定されていないような）対象一般の概念に他ならない」（A290/B346）。ここでの「超越論的哲学」は、カントが目指した「形而上学の形而上学」（X 269）ではなく、カント以前の「古き超越論的哲学」（B113）である。つまり、カントが存在と無に先立つ「対象一般」の概念を、超越論的哲学の真の出発点として想定したことは、従来の形而上学の破壊と再構築のための積極的な選択だったのである。

この対象一般に関係する唯一の概念が「カテゴリー」である。つまり、批判哲学の論議領域は、従来の形而上学のように、矛盾律を根拠として、初めから可能物の領域に制限づけられているのではなく、むしろ可能性と不可能性の両方を見渡すことができる、表象一般の広大な領野なのである。従来の形而上学でも「欠如」には、不可能とされる完全な欠如と、可能だが二次的な表象とされる制限としての欠如の二つの意味があるが、それは「実在的なもの」との対比において、特に神の完全性を説明するための通過点に過ぎなかった。カントは、完全な欠如の表象可能性を、まったく別の仕方で論じており、それは彼が「実在性の優位」を離れ、むしろ存在と無について未規定な「対象一般」の概念に立脚することで可能となったのである。周知のように、『批判』の目標の一つは、「私は何を知りうるか」（A805/B833）という思弁的理性の関心にこたえるべく、可能的経験の領域に限界規定をすることであった。認識における可能性と不可能性の範囲を超越論的見地から俯瞰したうえで、それらを「分ける」ことこそが「批判」という営みなのである。したがって、「実在性の優位」は批判哲学の「前提」ではありえず、この常識をいったん白紙化することこそ、カント批判哲学のめざしたものなのである。本論文を通じて我々は、カントにおいて完全な欠如が表象可能となる場面を論じてきたが、この一見すると奇妙な論点は、欠如態を表象する可能性と不可能性に関する境界線なのであり、この意味でカントの批判哲学がめざしたものを照らし出しているのである。

註

（1）Maier は「実在性の優位」の思想をバウムガルテンらに帰している（Maier 1930: 5-6, 16, 41-42）。他方で、この思想は広義の常識としては複層的である。例えば、穴の存在を論じた Lewis & Lewis（1970）では、物質主義者が実在性の優位を主張する。

共通するのは〈肯定や実在は否定に先立つ〉という命題への信奉であり、これが欠如の表象可能性への拒絶反応を引き起こす。

（2）筆者の用いる「絶対的」という語は欠如態の解釈方法についての表現であって、『批判』弁証論で「絶対的」という語をカントが「いっさいの関係において」（A324/B380f.）という強い意味で採用していることとは無関係である。

（3）我々がもし形而上学という語を、純粋理性に基づく哲学的認識一般に対して用いれば、批判哲学もまた形而上学の一種であることに違いはない（A841/B869）。しかし、本論文では一切の形而上学の予備学としての批判哲学の意義に主眼を置いている。

（4）他方、『自然科学の形而上学的原理』は「特殊形而上学的自然科学」（IV 473）である。この対比は、原則論が、法則の経験に対する具体的な適用ではなく、適用の可能性に関する抽象的な説明ないし基礎づけであることを示唆している。

（5）Cf. A81/B107, B110f. この完全性は「基幹的概念 Stammmbegriffe」としてのカテゴリーについてのことであって、そこからは様々な「派生的概念」が展開する。しかし、後者の多様性は完全性テーゼに関与しない論点である（A81/B107）。

（6）現象とカテゴリーなしに認識が不可能であることはB版演繹論の「悟性概念のこの演繹の成果」に示されている（B165）。

（7）例えば、「カテゴリーの表が、まったく当然なことに、原則の表への指示を私たちに与える」と言われる（A161/B200）。

（8）欠如に関する哲学的立場を分析するには、①欠如の表象は可能か不可能か、②表象される欠如は相対的か完全かだけでなく、③欠如表象が概念であるか直観であるか、④概念／直観のどちらが先行するかという全四項目で検討する必要がある。可能な立場は十六通りだが、欠如の直観だけを認めるものや、相対的欠如の概念だけを認める選択肢は排除され、最終的には、相対的欠如の概念と直観を認める立場と、完全な欠如の直観以外はすべて容認する立場が可能な選択肢として残ることになる。

（9）Vallenilla（1974）も同様に、「存在論的優位 ontologisches Primat」や「存在の優位 Primat des Seins」を主張する（p. 61–64）。

（10）実在的対立論を『批判』に導入する糸口は、『批判』「反省概念の多義性」章の第二項の議論である。多義性章もカテゴリー表を反映しているため、実在的対立論が「質」に関連しているという想定は自然である。しかし、実在的対立の具体例は運動と静止という関係カテゴリーの論点であり、カテゴリー間の跳躍について本来であれば別箇の考察が必要となる。

（11）カントにおける記号「0」の用法には少なくとも三つの意味を認める必要がある。第一に、カント以前の形而上学者と一致する矛盾の帰結としての0。第二に、実在的対立の帰結としての0。第三に、自然科学における「真空」としての0。第三の0には「世界内空虚 vacuum mundanum」と「世界外空虚 vacuum extramundanum」という二義性が言及される（cf. IV 563）。

（12）文脈主義が相対化している「観点」を、個別具体的な定項としてではなく、単なる変項とすれば、一般性の問題は解決されうる。しかし、それは実感に即した感覚の分析という滝沢説の本来の眼目から逸れるため、魅力的な解決方法とは言えない。

（13）相対的解釈が「欠如無」の説明として有力な解釈であることは揺るがない（Hymers 2018: 123–124）。筆者は予料論に相対的解釈が妥当な解釈か否かを係争点としている。絶対的解釈は相対的解釈を包摂するが、逆は成り立たないことに留意されたい。

（14）形式性テーゼは時間だけでなく空間にも成立する（cf. Allison 2004: 106f）。このことは体積や密度を論じる際に肝要となる。

（15）直観形式もまた「構想存在 ens imaginarium」として無の表に挙げられているため、欠如無と時間の形式性の関係について補足したい。筆者はStangによる「無の表」の階層的な解釈に賛同しており、直観形式が無である理由と感覚の欠如が無である理由とを分けている（Stang 2016: 168）。つまり、直観形式は構想力の産出によって「或るもの」だが、認識の対象ではないので「無」である。これに対して感覚の欠如は、ある時間形式を実在的なものが占めるか否かという「実質」の側面で無なのである。

（16）カントにおいて制限性が述語否定にあたることの内実を詳細に論じた研究としては五十嵐（2015）を参照のこと。

（17）Cf. A152/B192. カントは「青年」と「老人」という性質が同一の時点で同一の対象に肯定された場合、「矛盾」が生じると述べている。カントがこれらの性質は継起的総合において無矛盾であると論じることは広く知られているが、時間性をともなった矛盾も部分的に保持されている。カントの矛盾に三つの層を指摘した研究としては拙論（Shigeta 2021）を参照のこと。

（18）予料論は数学的原則に他ならないため（A160/B199, A162/B202）、時間の継起ではなく「瞬間」が問題となる。（A167f./B209f.）。したがって、予料における判断は「特定の感覚」と「特定の瞬間」に制限されていると理解されるべきである。

（19）関連した反論が二つある。第一に、絶対的解釈は時間形式に依存しているのではないかという批判。第二に、カントの「超越論的肯定」（A574f./B602f.）の議論を強調し、「実在性の優位」を再擁護する反論である。両者とも実在性と否定性の論理的意味と存在論的意味を混同した場合に成立する批判である。前者は、純粋な時間の形式を実在物と解しており、後者は「超越論的肯定」はあくまで「理性概念」であることを見失っている。超越論的肯定は、神の存在を推論する「理性の錯覚」をカントが再構成する場面に登場する。純粋理性の理想も統制的に意義をもつが、それは予料論を説明する議論ではありえない。

参考文献

Allison, Henry E. 2004: *Kant's Transcendental Idealism: An Interpretation and Defense* (2nd ed.). New Haven: Yale University Press.

Blomme, Henny 2019: "Kant on Cold", in: *Natur und Freiheit: Akten des XII. Internationalen Kant-Kongresses*. Berlin: Walter de Gruyter. 1035–1042.

Giovanelli, Marco 2011: *Reality and Negation: Kant's Principle of Anticipations of Perception: An Investigation of its Impact on the Post-Kantian Debate*. Dordrecht: Springer.

Hymers, John 2018: "Contradiction and Privation: Baumgarten and Kant on the Concept of Nothing", in: Fugate, Coutney D. & Hymers, John (Eds.): *Baumgarten and Kant on Metaphysics*. Oxford: Oxford University Press, 110-130.

五十嵐涼介 2015：「無限判断と存在措定」、日本カント協会編『日本カント研究』、一六号、一一五—一二八。

Lewis, David & Lewis, Stephanie 1970: "Holes", in: *Australasian Journal of Philosophy*, 48, 206-212.

Lütterfelds, Wilhelm 1977: *Kants Dialektik der Erfahrung: Zur antinomischen Struktur der endlichen Erkenntnis*. Königstein: Hain.

Maier, Anneliese 1930: *Kants Qualitätskategorien*. Kant-Studien Ergänzungsheft, No. 65. Vaduz/Liechtenstein: Topos Verlag.

牧野英二 1989：『カント純粋理性批判の研究』、法政大学出版局。

Shigeta, Ayumu 2021: "On Kant's Conception of Contradiction: As a Clear Differentiation from Baumgarten", in: *'The Court of Reason': Akten des XIII. International Kant-Kongresses*. Berlin: Walter de Gruyter.

Stang, Nicholas 2016: *Kant's Modal Metaphysics*. Oxford: Oxford University Press.

滝沢正之 2016：「カントにおける『無』の問題」、『文化』、駒沢大学総合研究文化学部門、三四号、三七—七四。

Vallenilla, Ernesto M. 1974: *Die Frage nach dem Nichts bei Kant*. Weinsberg: Neske.

Vollrath, Ernst 1970: "Kants These über das Nichts", in: *Kant-Studien*, 61(1), 50-65.

付記

本研究は、JSPS科研費20J11554（「カント「対象」論の分析哲学的手法による研究」）の助成を受けたものである。

III　カントの『遺稿』「エーテル演繹」における経験の理論

嶋崎太一

はじめに

「タンタロス的苦しみ」(XII 257)の中で最晩年のカントが取り組んだのは、「自然科学の形而上学的原理から物理学への移行［Übergang］」であった。この構想が初めてうかがえるのはJ・G・C・Ch・キーゼヴェッターの一七九五年七月八日付カント宛書簡においてである。この書簡でキーゼヴェッターが「あなたはこの数年来、自然科学の形而上学的原理から物理学への移行それ自身を含む原稿を出版にまわそうとしていらっしゃいます」(XII 23)と述べていることからも分かるように、カントは、少なくともある時点において、この「移行」を著作として公刊することを意図していた。そして、カントはこの「移行」を「批判哲学の体系のうちにある間隙［Lücke］」(XII 257)を満たすものと位置付けていた。J・G・ハッセの報告によれば、カントはこれを自らの「主著(*chef d'oeuvre*)」と呼んでいたという。(2)結局、この「移行」の著作は日の目を見ることなく、『オプス・ポストゥムム』(以下、『遺稿』)と今日呼ばれている、アカデミー版にして計一二〇〇頁以上にわたる膨大な草稿群として遺されることになった。(1)

この原稿を目の当たりにしたJ・シュルツが、とても出版には堪えないと判断したと伝えられているように(Groß 1993: 260)、確かに『遺稿』はまとまりを欠き、執筆年代によっても内容にかなりの相違がみられる。短く見積もっても七年に及ぶ(3)『遺稿』の執筆過程の中で、カントの議論は大きく変化を遂げている。その意味でトゥシュリンクは、この『遺稿』という「著作」は「静的」なものではなく「動的」なものとして捉えられなければならないと看破した（Tuschling 1971: 11）。『遺稿』は一つの「著作」というよりもむしろ、最晩年のカントの思想の動的な展開過程であると言ってよい。この展開過程において、一つの重要な転換点とみなされるのが、一七九九年五月から八月にかけて執筆されたと推定される「移行1‐14」と呼ばれる草稿である。

この「移行1‐14」では、経験の可能性の条件としてエーテル（「熱素［Wärmestoff］」とも言われる）[4]の現実性を論証しようとする試み（いわゆる「エーテル演繹」）[5]が展開される。カントは一七五五年の論文『火について』の中で熱物質［materia caloris］としてのエーテルを主題的に論じたものの、その後これについて再び本格的に論究することをしなかった[6]。それが一七九九年になって突如として、自然科学的文脈にとどまらず、「経験全体を可能にする」（XXII 554）ものとしてエーテルが語られるようになる。

カントの自己理解によれば、『遺稿』は批判哲学の体系において不可欠のものであった。そうであるとすれば、カントが一七九九年に集中的に「エーテル演繹」に取り組んだ背景にも批判哲学的な問題意識があったのではないかという仮説が成立する。近年では、ソーンダイクが『遺稿』を批判哲学の枠組みの中でとらえる解釈を提示している。ソーンダイクは、批判哲学に対する『遺稿』の新奇性を強調するフリードマンやフェルスターの解釈を批判しつつ[7]、形而上学と実験的物理学とを一つの体系へと接続するというヴォルフの自然哲学［philosophia naturalis］以来の課題を負う批判哲学の枠組みの中に、この『遺稿』も位置づけられると言う（Thorndike 2018: 107）。ソーンダイクが典拠とするのは、「移行」の必要性をカントが繰り返し強調するようになる『遺稿』の特に初期の草稿群である。それに対し本稿は、「移行1‐14」こそが、カントの思索における批判的なものが再び如実に浮かび上がる草稿であり、『遺稿』における転換点に他ならないという見地に立つものである。

本稿では、「自然科学の形而上学的原理から物理学への移行」を主題とする『遺稿』において経験という概念が重要なものとして立ち現れるようになる背景を明らかにし（第一節）、『遺稿』の「エーテル演繹」において何が課題となるのかを検討する（第二節）。その上で、エーテルの実在の証明構造を跡付けつつ、エーテルによる統一的な物質世界が主観の経験の統一と重なり合うことを明らかにする（第三節）。そして最後に、forma dat esse rei というキーワードに着目し、『遺稿』「移行1‐14」が、実質に形式を先行させる批判哲学的認識論へと行き着いたという結論を導く（第四節）。これを通して本稿は、『遺稿』において目指されたものは何だったのかを究明することを試みる。

一　転換点としての「移行1‐14」

幾つかの断片を除き[8]、「物理学への移行」のためのカントの取り組みの実質的な出発点とみなされるのが、所謂「八折判草稿［Oktaventwurf］」である。一七九六年／九七年に執筆されたと推定されるこの草稿は、「物質一般がそれによって可能であるような運動力」から「1. 密度、2. 凝集、3. 凝集する諸部分相互の運動可能性あるいは相対的不動性」といった物質の諸性質を導く試みである（vgl. XXI 373）カントの自己理解によれば、すでに『自然科学の形而上学的原理』（以下、『原理』）がこうした領域へ幾らかの歩みを進めていたのだが、それは「単に実例としてであったという（vgl. XXI 408）[9]。形而上学が「物質の経験的認識の内容を体系的に秩序付ける」（XXI 402）ものである物理学へと移行するためには、我々はア・プリオリな原理から物質の経験的諸性質を体系的に導出しなければならない。こうした問題意識の下でカントは「八折判草稿」以後、「ア・プリオリな概念に従った（物質の諸性質の）総合的分類」（XXI 482）の体系を示す試みを展開することになる。カントは初期のある草稿の中で、「この著作を書き進める上で、カテゴリーの手引きに従うよりも良い仕方で体系の完全性に達することはないと確信している」（XXI 311）と述べている。実際『遺稿』初期の草稿群においてカントはカテゴリーに基づいて物質（あるいはその運動力）の量、質、関係、様相という観点から凝集や流体性、弾性をはじめとする物質の諸性質の体系的分類法を提示することを繰り返し試みる[10]。

そうした運動力の体系を導出する過程で、熱素が重要な役割を果たすことになる。エーテル（熱素）に対する言及は既に「八折判草稿」にみられる。そこでカントは、熱が「不可避的に必然的な仮説」（XXI 378）として想定される熱素に由来すると示唆している。

カントは一七九八年頃には、熱素を想定しつつ物質の諸性質や運動力を分類することを試みる体系的分類を「基礎体系［Elementarsystem］」と名付けた上で、その後に「世界体系［Weltsystem］」を続けるという体系構想を表明するようになる。そこでは「移行」の学が「物質の運動力の体系の区分　第一部　物質の運動力の基礎体系　第二部　世界体系」（XXII 155 passim）という二つの部門をもつという計画が開陳される。カントによれば「基礎体系は諸部分から（間隙［hiatus］なしの）物質の全総体へと進み、世界体系は全体という理念から諸部分へと進む」（XXII 200）。基礎体系は、カテゴリー等の枠組みに従って物質の諸性質を分類しつつ物質の運動力の体系の中でいかに位置づけられるかを記述すること、すなわち「物質の運動力の場所論［Topik］」（XXI 483）を構築することを課題とする。これまでプラースら多くの研究者が注目してきた[11]『原理』の「動力学に対する総注」から『遺稿』へと至るカントの自然科学思想の展開は、この「基礎体系」の試みへと結実すると言ってよい。

これに対し「世界体系」は、これとは異なる道筋をとる。

> 言うなればそうした元素[12]（熱素）は物質のあらゆる運動力の**基礎**として現前するのであるか、それとも否、すなわちその実在は疑わしいものなのかどうか。換言すれば、物理学者たちによって一定の諸現象の説明のために想定される仮説的［*hypothetisch*］元素なのか、それとも要請として断言的［*kategorisch*］[13]に確定されるのかどうか。この問題は体系としての自然科学にとって最大の重要性を有している。そしてとりわけ、この問題は自然科学の基礎体系から世界体系への導きを与えるのである。（XXII 550 太字・強調は原文、以下同）

エーテル（熱素）をめぐる問いが「基礎体系から世界体系へ」の展開とかかわるのは、エーテルが「可能的経験の全体の統一」（ibid.）の基礎だからである。「全体」を出発点に置く「世界体系」は、熱素の現実性が証明されることによってはじめて可能となるのである。そこで「移行1-14」においては、統一的な運動力の経験が成り立つための条件、すなわち運動の経験の可能性の条件としてエーテルの現実性を論証することによって、世界体系を叙述するための前提を整えることが目指されるのである。

ホールは、『遺稿』第Ⅹ束、第Ⅺ束において物理学は「形而上学的物体論」（IV 473）という『原理』における定義から、「経験そのものの形而上学的原理」へと拡張していると指摘する（Hall 2017: 131）。私見によるとこのことは、第Ⅹ束、第Ⅺ束の直前に執筆された「移行1-14」にも当てはまる。というのは、「移行1-14」こそ、統一的な経験の可能性を問う「世界体系」の出発点だからである。

二　「エーテル演繹」の課題

『遺稿』「移行1-14」の課題をよく示した記述として次の一節を引用しよう。

> 一般に熱素〔…〕と呼ばれるこの物質は、一定の諸現象の説明のために考え出された仮説的物質なのではなく、物質の運動力の経験の可能性の原理として要請されるのである。（XXI 229）

「移行1-14」の戦略は、「知覚の総合的統一」（XXI 587）としての経験を、諸知覚や諸現象と対置しつつ統一的なものとして捉え、統一的な経験の可能性の条件のために熱素を導出するというものである。『遺稿』において経験はしばしば「一つの経験［Eine Erfahrung］」（XXII 552, *passim*）と呼ばれる。「移行1-14」においては、あらゆる知覚がそこに属すべき「絶対的全体」（XXII 553）としての運動力の経験を基礎づけるエーテル（熱素）が課題とされるのである。カントによれば、「客観的には、一つの経験のみが存在する。もし諸経験［*Erfahrungen*］と言われるなら、それは単に、主観的に一連の可能的知覚において結合した事物の実在の諸表象としてみなされなければならない」（XXII 552）。諸知覚がそこへと関係づけられる「全体という理念」（XXI 582）の下で「一つの経験」は記述されるのである[14]。

経験／諸知覚（諸現象）というこの対置は、『原理』においては第四章「現象学［Phänomenologie］の形而上学的原理」の「仮象を真理に転化することではなく、現象を経験に転化すること」（IV 555）という課題と重なる。ここで経験とは「あらゆる諸現象に妥当するよう客観を規定する認識」（ibid.）であり、「あらゆる諸現象を統一する」（IV 560）ものである。ここで現象とは、「対象の主観に対する関係」（IV 555）に基づいて記述される、特定の観測者によって観測される相対的運動に他ならない。カント自身の例では、直進する船の船室内で球の運動を、船室という静止空間における球の運動として記述することも、また、川岸に対してこの船室が運動しているとみなし、場合によっては球を静止していると記述することも、いずれも観測者がどの空間に自らを位置づけて対象を観測しているかという関係にのみかかわることであり、球の運動も船室の運動もいずれも「現象」である。これに対して「経験」とは、あらゆる観測者の現象にも妥当するような座標系を設定することによって可能となる。そこで、犬竹の表現を借りるならば「与えられたそのつどの経験的座標系を超出して、物質の客観的な運動がそこにおいて記述されるべき、ある特別な座標系を設定する手続きを示すこと」（犬竹 2011: 119f.）こそ、現象学の課題に他ならない。

ニュートン力学においては、この手続きは単純である。それは言うまでもなく、不動の絶対空間を設定することによってそこにおける絶対運動を記述するという手続きである。それに対して『原理』では、「あらゆる運動は、それが経験の対象である限り、どこまでも相対的である」（IV 481）という運動の相対性を主張することによってニュートン力学とは一線を画しつつ、新たに、理念としての絶対空間を想定することによって、仮象から区別された現実的な運動を示すという道が採用された[15]。

絶対空間は現実的な客観の概念として必要なのではなく、あらゆる運動をそこにおいて単に相対的なものとみなすための規則の用をなすべき、一つの理念として必要なのである。そして、運動や静止の現象が一定の経験概念（それはあらゆる現象を統一する）へと転化されるためには、そうした運動や静止はすべて絶対空間に還元されなくてはならない。（IV 560）

さて、マッシミが指摘するところによれば「特権的座標系としての絶対空間に還元することなしに現実的あるいは絶対的な運動を説明する道を見出すこと」（Massimi 2008: 14f.）がカントの自然科学論には必要だったのであって、『遺稿』における体系としての物理学においてもこの課題は引き継がれている。しかし『遺稿』では、『原理』の運動論において鍵となる概念であった運動の相対性や、『原理』における意味での絶対空間については語られていない。

これらの概念にかわって『遺稿』では、エーテルの現実性を論証するという手続きを介することによって現実的な運動の可能性を基礎づけることが目指された。「移行1－14」は、我々にあらゆる諸知覚がそこに属するべき「一つの経験」として物質の運動力の経験の可能性の条件を示すことを試みた。エーテルが諸現象の説明のための仮説ではなく経験の可能性の原理であるというとき、「移行1－14」では、『原理』における現象学とは別の仕方で、現象の知覚と対置される経験の可能性の条件を示すという現象学の課題が引き受けられているとみることができるだろう。

三　「移行1－14」の証明構造と動力学的な空間

カントは「移行1－14」において繰り返し統一的な経験の可能性の条件としてのエーテルの実在の証明を試みて

いるが、フェルスターによれば「そのうちどのバージョンもカントを完全に満足させるものではなかったように思われる」(Förster 2000: 88)。カントの叙述を再構成し、証明を定式化した研究はこれまで複数提出されてきた[16]。ここではホールによる証明の再構成を議論の手掛かりとしたい。

ホールは特に「移行11」に注目し[17]、経験の統一があるということ(ホールはこれを「P」とする)からエーテルが存在するということ(「Q」)が次のような論理構造によって証明されていると指摘している(Hall 2017: 98f.)。

1　(P)経験の統一が存在する。

2　主観は、物質の運動力によって対象が主観を触発し、そして結果として、諸知覚が統覚の働きによって一つの概念へと統一される限りにおいて、外的対象の経験へと至る。

3　空虚な空間は主観を触発することがない。

4　経験の統一の概念から分析的に帰結する現実的対象が存在しなければならない。

5　4から、経験の統一から分析的に帰結する現実的対象は、

(Q)エーテルであるか、

(非Q)空虚な空間を含むか、空虚な空間によって分断された物理的物体の力学的全体かのいずれかでありうる。

i　〔非Qであると仮定し、〕空虚な空間を含むか、それによって分断された物理的物体の力学的全体が、経験の統一の分析的帰結である現実的対象であるとする。

ii　1及び2から、経験の統一のうちに包括される外的なすべてのものは、主観を触発することができる。

iii　i及びiiから、空虚な空間が主観を触発しうることになってしまう。

iv　3とiiiは矛盾する。

6　(Q)i－ivより、エーテルが、経験の統一の概念から分析的に帰結する現実的対象である。

この証明は「反対の不可能性を示すことによって命題の真を示す」（XXI 574）という「間接的（帰謬的［apagogisch］）」（XXI 603）方法を採用する。[18] ここで設定される誤謬とは「空虚な空間」である。「物体のうちに包括された空間であろうと、物体を外的に取り囲む空間であろうと、空虚な空間は可能的経験の対象ではない」（XXII 550f.）という命題がエーテルの証明の鍵となる。

この「空虚な空間」批判は、哲学史的には、「充実した空間と空虚な空間」（XXII 554）から物質を説明する原子論的自然観の論駁を意味する。カントによれば「経験の対象となりえないものは〔…〕主観的に唯一の可能的経験に属することはない。原子論は、可能的経験という目的のためには、〔…〕それ自身において矛盾する」（XXII 611）。「移行1‐14」におけるエーテルの証明は、統一的な経験が存在するという前提から出発し、そのために空虚な空間を想定することは矛盾しており、エーテルによって充実された空間がなければならないという道筋をたどる。

原子論に対する批判は、カントの自然科学論において実は決定的な意味をもつ。すなわち、原子論を却下することは、「絶対的充実と絶対的空虚との結合」により自然を説明することを試みる「機械論的［mechanisch］自然哲学」に対して、「物質に根源的に備わる運動力に基づいて」自然を説明する「動力学的［dynamisch］自然哲学」を採用するという自然科学の方法をめぐる立場表明でもあるのである（vgl. IV 532）。カントは『原理』において機械論的自然哲学に対して動力学的自然哲学の優位性を強調していた（vgl. IV 533）。物質の運動力の体系を志向する『遺稿』においてもこの立場は踏襲されている。

カントは『原理』現象学章の末尾において空虚な空間についての集中的な論究を行っている。カントによれば動力学的な観点からみた空虚な空間は「世界の内なる空虚な空間（vacuum mundanum）」と「世界の外なる空虚な空間（vacuum extramundanum）」とに区分される（IV 563）。このうち前者は「分散された空虚な空間（vacuum disseminatum, これは物質の体積の一部をなすものである）」と「集積された空虚な空間（vacuum coacervatum, これは諸物体、例えば諸天体を互いに隔てるものである）」にさらに分けられる（vgl. ibid.）。ここでは、「分散された空虚な空間」すなわち物質内部の空虚な空間は、「宇宙空間のいたるところに分布する外的な物質（エーテル）による圧縮」（IV 563f.）から物質の密度を説明するならば、物理的には不要の概念であろうと仮説的な仕方で示唆が加えられる。そして「世界の外なる空虚な空間」についてもあらゆる天体を包括するエーテルを想定することで空虚な空間の不可能性を指摘することができるとカントは言う（IV 564）。カントによれば、「空虚な空間を排除するやり方はまったく仮説的である」（ibid.）。

このように『原理』においてカントは、空虚な空間に対しては断定的な立場表明を回避しつつ、エーテルを想定することでそうした空間を退ける可能性を示唆していた。これに対してカントが「移行1－14」において試みたのは、動力学を自然哲学の基本方針として採用するという立場を堅持しつつ、エーテルを仮説とする『原理』の見解から立場を転換すること、さらに言えば「世界を〔…〕総体として理解する」ための空間理論、すなわち「運動力の総体」（XXI 219）としての動力学的空間を呈示することであった。その空間はエーテルあるいは熱素によって占められたものであり、それこそが経験の可能性の条件としての役割を果たすことになる。

カントは「移行11」脚注において次のように語っている。

〔…〕いわゆる諸経験とは、常に、すべてに広がる無制限的な熱素によって可能となる一つの経験の諸部分に過ぎない。この熱素があらゆる天体を一つの体系に結び付け、相互作用という共同性のうちに置くのである。（XXII 554）

このように、エーテルに占められた空間とは物質の運動力の相互作用が織り成す動力学的空間に他ならない。さらにカントは「移行8」において次のように言う。

可能的経験の対象としての全体。それは、空虚と充実とを合成することにより原子論的、すなわち機械論的〔*mechanisch*〕に生み出されるものではなく、外的に相互的に動かしあう力〔…〕の結合として、動力学的に生み出されなければならない。（XXI 552f.）

エーテルあるいは熱素によって占められた空間は、それ自身が可能的経験の対象となる動力学的全体に他ならない。この「全体」において物質は常に動力学的な相互作用の下にあるのである。「移行1‐14」におけるカントの戦略は、「経験の可能性の絶対的統一は、同時に〔認識の〕全素材の統一［die Einheit des gesammten Stoffs］である」（XXI 595）という言葉に示されているように、外的世界の統一性を経験の統一性と同一視するところにある。動力学的に統一された全体を、そのまま主観の統一的な経験の条件として論証するというこの戦略をロルマンは「主観と客観の同一性[19]」と表現している。「移行12」の次の叙述を引用しよう。

> 知覚は、主観的に考えれば、物質の運動力の結果［Wirkung］（すなわち経験的表象としての）であり、そのものとして可能的経験の全統一［Gesammteinheit］に属する。
>
> 　しかし、物質の運動力の全統一は、客観的には、基礎元素〔熱素〕の絶対的全体の結果である。熱素は〔…〕世界空間［Weltraum］を一様に占める物質である。〔…〕所与の全体としての基礎元素は、物質のあらゆる諸力を経験の統一へと統合する基礎である。（XXI 601f.　傍線引用者）

ここで「物質の運動力の統一」と「可能的経験の統一」の間を結ぶもの、すなわち、先に見た証明構造の「1(P)」と「4」の間を媒介するものこそ、「触発」に他ならない。確かにカントは「外的経験は、主観を触発する物質の運動力に基づく」（XXI 573）と述べている。物質の運動力による触発は、究極的には、あらゆる運動力を相互作用の下に置き、動力学的全体を形成するところの熱素による触発として捉えられなければならない。「経験の対象の全体は熱素と呼ばれる。そしてそれは、あらゆる〔物理的〕物体を触発し、したがってまた、主観自身をも触発する〔運動〕力の普遍的刺激の基礎である」（XXII 553）と言われているように、触発は熱素による主観への動力学的影響に他ならない。熱素によって占められた動力学的空間としての世界空間は、そこにおいてあらゆる運動が記述される場であると同時に、主観を触発する場でもあるのである。

「移行1‐14」は、ここまでの考察から明らかなように、運動力の統一的な経験がそこにおいて可能となるべき、熱素により占められた動力学的空間を経験の可能性の条件として論証するものであった。動力学的な全体としての世界空間において運動力の統一的な経験が可能であるという事態は、『原理』現象学章の「定理［Lehersatz］2」の論理が参考になるように思われる。そこでは、「物質の円運動は、その反対方向に進む空間の運動とは異なって、物質の現実的な述語である。これに対して、物体の運動の代わりと考えられた相対空間の反対方向への運動は、〔…〕単なる仮象に過ぎない」（IV 556f.）ことが論証される。そこでのカントの説明には不正確な点も含まれているが[20]、つまるところ円運動においては力による新たな運動の生成が認められるのに対し、それに対する空間の反対方向への運動においては力は認められない（よって単に運動学的である）、という説明である。よって、例えば地球の公転運動を宇宙空間における動力学的相互関係の中に整合的に位置づけることはできるが、地球が静止し周囲の諸天体が公転とは反対方向に運動していると考えたところで、宇宙空間における動力学的相互関係とは矛盾するのである。

以上が、ニュートン的な絶対空間を用いることのないカントの現実的運動の説明であるが、『遺稿』においてカントは、これを主観の経験の統一と重ね合わせ、空間が熱素の充満によって動力学的全体をなしているということが、統一的な運動の経験を可能とするのだと言う。なぜなら、統一的な経験のためには、世界におけるあらゆる動力学的現象が触発を通して認識されうるものでなければならないのだから。

四　理性の動力学

「カントのエーテル演繹は、ある観点においては達成されているが、また別の観点においては失敗しているとみることができよう」とホールは結論付けている（Hall 2017: 116f.）。すなわち、経験の可能性の実質的な条件としてエーテルの現実性を論証することはできたが、その形式的な条件との連関を論証できていないのだと彼は言う。悟性によるカテゴリーの適用という形式的条件とエーテルという実質的条件との十分な合同を示すことには失敗していると彼はみなし、「移行1－14」に続く第X束、第XI束[21]においてそれがなされると考える。すなわち、「移行1－14」におけるカントの論証では、統一的経験の存在からエーテルの存在を導くことはできても、エーテルの存在からそれだけで統一的経験が成り立ちうることにはならない（必要十分条件にはなりえない）のだという。ホールは、主観の自己触発という第X束、第XI束において主題化される統覚の自発的な作用によりこのエーテルと悟性の間の調和が確立されるのだ、という応答を試みている。[22] しかし、彼の解釈方針のように、「エーテル演繹」はその後の草稿群にみられる思想を部分的に先取りすることでしか整合的な解釈が与えられないのだろうか。

　これに対して本稿では、「古代形而上学者の命題」（XXI 638）として言及されるforma dat esse rei（形相（形式）が物の存在を与える）という命題に注目することによって「移行1－14」に内在的な仕方でこの問題に対する応答を試みたい。[23] このforma dat esse reiは、一七九六年の論考『哲学に最近あらわれた高慢な口調について』において、「形式の上に一切のア・プリオリな総合的認識の可能性が基づく」（VIII 404）という批判哲学の精神を象徴する術語として引き合いに出されたものである。歴史的には、スコラ哲学に由来するこの命題は、カントの『遺稿』全体の「モットー」（Mathieu 1989: 129）とも評価される。ただ、実際に言及される箇所を洗い出すならば、特に「移行1－14」以降の草稿群において頻繁に登場する、『遺稿』の後期に顕著な概念であると言える。[24] この命題は『遺稿』においては「多数のものを一という概念へと合成する仕方［Art］が、その多数のものにア・プリオリに先行する」（XXI 569Anm.）という意味において用いられる。

　カントは「移行11」の脚注において、「悟性自身がなすものによってのみ、主観は対象を理解する。すなわち、可能的経験における諸知覚の全体の形式的なもの［das Formale］によってのみ［対象を理解する］」（XXII 555）と述べている。この叙述の直前には次のような記述がみられる。

外的な諸知覚は、主観的には、可能的経験の素材としては（そこには諸知覚の結合の形式が欠けている）、物質の振動する力が〔…〕知覚する主観に対して及ぼす作用に他ならない。もし諸知覚の結合の形式、すなわち可能的経験の形式的なものが問題となるならば、この形式は、感官のどの客体が経験の対象でありえ、またいかなるものがそうでありえないのかが問われる以前に要請される。問題は、この形式的なものが可能的経験に一致しているのか否かということである（*forma dat eße rei*）。（XXII 552f.）

ここでは、「諸経験」と「経験」との対置を前提した上で、「経験」の対象となりうる知覚は何かということを問う視点が顕在化する。既に明らかにしたように、統一的な経験は熱素により占められた動力学的な空間の中に位置づけられるものでなければならない。それでは、熱素による動力学的に統一された世界空間が経験の可能性の条件であるということと、悟性という形式的なものが先行するということとは、「移行1‐14」におけるこの認識理論においてどのような連関をもつのだろうか。

カントは、「物質の運動力の基礎体系の思考［Denken］（cogitatio）は、運動力の知覚（perceptio）に必然的に先行し、基礎的諸部分の全体における結合の主観的原理として理性によって主観にア・プリオリに与えられている」（XXI 552）と述べている。物質の運動力の基礎体系とは、第一節にて確認したように、物質及びその運動の様々な局面を「運動力の体系」として統一的に記述するものであった。そしてこの「エーテル演繹」により、エーテルあるいは熱素に占められた世界空間としての「全体」という、世界体系の出発点が構築される。この世界空間の統一を与えるものこそ、悟性の「思考」に他ならない。「移行1‐14」において経験の可能性の条件として論証されるのは、実際には単に物理学的な意味での熱素の存在なのではなく、熱素により動力学的に体系として統一された世界空間である。熱素は単なる物質ではなく、「根源的元素［Urstoff］」（XXI 223）である。この表現に含意されているのは、熱素は経験的認識の一対象ではなく、様々な物質の運動の個別的経験を根源的に可能にするものとしての地位をもつということである。熱素は、あらゆる現象を可能にするための「ア・プリオリに与えられた元素」（XXI 222）とも呼ばれる。ここでカントは、世界空間の統一という、経験を可能にする要件であるという意味で、熱素という実質的な経験の可能性の条件にもア・プリオリ性を認める。そしてその上で、悟性の「形式的なもの」が、熱素という実質的要件を包括的に統一する鍵概念として『遺稿』において改めて措定されるのである(25)。

エーテルあるいは熱素により全体として統一された空間において、主観は触発され、世界を経験する。『遺稿』の forma dat esse rei という命題は、「物質の運動力の統一」と「経験の統一」の間の調和が悟性により確立されるということを示すものであったと解釈できよう。「自然科学の形而上学的原理から物理学への移行はいかにして可能か」という課題に対して「移行1-14」が与えた応答は、「物質の運動力による諸現象は、悟性の思考形式のもとに統一された熱素に満ちた世界空間において、経験されうる」とでも表現されうるものであろう。経験的物理学の可能性というカントの晩年の問いは、「認識を何よりも、そのもとにあらゆる客観（認識の質料）がのちに包摂されるであろう思考形式に根拠づける」（VIII 404）という批判哲学の認識論を、批判期後（post-Critical）の仕方で展開させることになったのである。「経験一般の可能性の諸条件は、同時に経験の諸対象の可能性の諸条件である」（A 158/B 197）と『純粋理性批判』では言われている。この立場を発展させ、対象の可能性をエーテル、熱素により統一された世界空間から問い直すこと。それこそ、批判哲学が『遺稿』において目指したものであった。

註

（1）カントが『遺稿』に取り組み始めた時期ははっきりしないが、「この数年来」という表現が一つの手がかりとなる。フェルスターは、キーゼヴェッターとの面会の時期などを踏まえた上で、八〇年代にまでさかのぼることはないにしても、少なくとも一七九〇年秋にはカントは「移行」の計画をもっていたに違いないと結論付けている（Förster 2000: 3）。

（2）Buchenau und Lehmann（1925: 23f.）ただし、バジールによれば、カント自身のテキストには用例がない（Basile 2013: 451）。

（3）『遺稿』に含まれる草稿群のそれぞれの執筆年代の推定は、アディケスによって本格的に着手され、概ねそれを踏襲したレーマンによる年代表がアカデミー版第XXII巻末にまとめられている。それに基づくならば、第I束（現在推定されている最後の草稿は一八〇三年）を終点とするとき、初期断片を除いて「八折判草稿」を起点とすれば執筆期間は七年、初期断片を含めればさらに長いことになる。初期断片については註11を参照。

（4）「エーテルそれ自身である熱素」（XXII 215）という表現もあるように、カントは『遺稿』において、「エーテル」と「熱素」を基本的には同一視している（Tuschling 1971: 27）。なおシュルツェによれば、エーテルと熱素は、科学史的にはそれぞれ異なる問題圏から発展してきた概念（エーテルは天体運動の説明のための仮説として、熱素は熱の原因を特定の物質に求める理論における概念として）であって、両者をカントが同一視していることは驚くべきことであり、これまでの文献がこれに注目してこなかったことはさらに驚くべきことであるという（Schulze 1994: 134）。

（5）アディケスの『カントの遺稿』以後、この「移行1－14」を「エーテル演繹」と呼ぶことが一般化している。カント自身、二箇所で「演繹」という言葉を用いている（XXI 573, XXI 586）。ただし、『純粋理性批判』における「権利問題の正当化」という「演繹」の意味（vgl. B 116）が『遺稿』においても妥当しているのか否かについては必ずしも明確ではない。この点はSchulze（1994: 146ff.）を参照。実際、「エーテル演繹」という表現の不適切さを指摘する研究者もいる（Edwards 2018: 183）。

（6）『火について』ではカントは、ニュートンの名前を挙げながら、熱物質をエーテルと同一視している（I 377f.）。一八八六年の『原理』以前にカントがエーテルに言及しているテキストとしては、一七五六年『自然モナド論』（I 486, 487）、一七六三年『神の現存在の論証のための唯一可能な証明根拠』（II 113）、一七六四年「ジルバーシュラークの著作『一七六二年七月二三日にみられた火球の理論』に対する書評」（VIII 450）などがあるが、いずれも挿話的に言及されているのみで主題的に議論が展開されているわけではない。

（7）「移行」の計画が化学を中心とする当時の経験的自然科学の発展に動機づけられたものであるという見解をとるフリードマン（Friedman 1992: 264ff.）に対し、ソーンダイクは、それは批判哲学の超越論的・形而上学的水準を経験諸学と接続させるというカントの意図の連続性を見失うものであるというと言う（Thorndike 2018: 75）。また「移行」計画が「一七九〇年の合目的性のア・プリオリな原理の発見」に起因するというフェルスターの見解（Förster 2000: 1ff.）に対して、冒頭に引用したキーゼヴェッターの書簡の解釈を手掛かりとしつつ批判を加えている（Throndike 2018: 81ff.）。

（8）「八折判草稿」に先立って書かれたと思われる二三種類の断片があるが、アディケスによればこのうち一八種類の断片は『遺稿』とは本来関係がないものである（Adicks 1920: 37）。残る五種類の断片では二度、「自然の形而上学から物理学への移行」（XXI 463）、「物体的自然の形而上学から物理学への移行」（XXI 465）という題が記されるも、具体的な「移行」の構想は語られていない。「移行」の構想が明確に具体化するのは「八折判草稿」になってからとみてよい。

（9）カントが『原理』の物質理論に満足していなかったという点については、*Refl.* 42（「物理学及び化学のレフレクシオーン」）に対するアディケスによる脚注（XIV 184Anm.）及びTuschling（1971: 37）を参照。

（10）フェルスターも言うように、量と質についてはほぼ叙述内容は一定であるが、様相にたどり着く前に途絶した草稿も少なくない（Förster 1993: xxxix.）。また、物質の運動力を「方向、強度、関係、様相」というカテゴリーの変形版に従って区分する試み（vgl. XXI 182f.）もあるなど、カテゴリーに基づいた体系構築の試みも『遺稿』を通して完成形があるとは言い難い。

（11）例えばPlaaß（1965: 87）（邦訳191頁）ならびにEmundt（2004: 150）を参照。

（12）『遺稿』では熱素を表現するのにStoffという語がしばしば用いられている。本稿ではStoffが熱素のことを指す場合にはこれを「元素」と訳出した。これは、水が元素ではなく、熱素あるいは燃焼空気［brembarer Luft］ともう一つの気体から成っているという当時の化学的成果に基づくカントの議論（一七九二／九三年「ドーナ形而上学講義」（XXIII 664）や九五年八月一〇日日付ゼメリング宛書簡（XXII 33））を踏まえたものである。

（13）ここでhypothetisch／kategorischを、あえて「仮言的／定言的」と訳さなかったのは、『遺稿』において頻出する、エーテルを「仮説［Hypothese］」とみなす言明と一貫性をもたせるためである。

（14）『純粋理性批判』において同様の問題意識を反映させた経験に関する言明として「唯一のすべてを包括する経験［eine einzige Alles befassende Erfahrung］」（A 231f./B 284）を挙げることができる。『遺稿』では、特に運動経験がすべての諸現象を包括する統一的経験でありうるための条件の探究へとこうした視点をさらに展開させたものと言える。なお、表現に関して言えば、『純粋理性批判』において「一つの時間［Eine Zeit］」（B 232）というように大文字で始める用例が見いだされる。

（15）グレザーによれば、カントの現象学の中心的問題は、一方ではニュートンの運動力概念にとっての絶対空間と絶対運動の不可欠性、そして他方で空間や運動の相対的概念に対するカント自身の哲学的見解との間の緊張関係から成立したものである（Glezer 2018: 197）。

（16）フェルスターは、エーテル演繹の証明を「主観的段階」と「客観的段階」とに区分して再構成している（Förster 2000:

88-91)。フェルスターによる再構成は、主観的段階と客観的段階とをあわせると八つの前提と一三個の証明段階とからなる煩雑なものであり、かつ、フェルスター自身が認めているように、「客観的段階」は「移行1－14」のテキストからは明示的ではない。そして、以下で検討するように、「エーテル演繹」において「主観と客観の同一性」が鍵となっており、両者を別の段階として分けて構成することは手続きをより複雑化しているに過ぎないように思われる。

(17) ホールがここで「移行11」に注目するのは、「移行1－14」のうち「9－11」の草稿が最も完成度が高いと言われているためである。「移行9－11」には筆記者による浄書版が存在し、アカデミー版全集にも別に収められている（XXII 543-555）。筆記者が浄書を用意するのは、カントが原稿を出版に回す準備段階であるとされる。なお、この浄書版に最初に注目したのは、おそらくはフェルスターである（Förster 1993: xl）。

(18) 周知のようにこの証明方法は、『純粋理性批判』において退けられていた方法である（vgl. A 789/B 817）。翻って『遺稿』においてカントが、エーテルの証明のための「唯一の」方法としてこの帰謬法を挙げている（vgl. XXII 554Anm.）ことは注目に値する。

(19) Rollmann（2015: 165.）ロルマンによれば、特に「移行11」と「移行12」においてこうした観点が明瞭化しているという。

(20) 犬竹も指摘しているように、カントはここで、遠心力を中心に向かう力への反作用という実在的な力として捉えているが、遠心力とは見かけ上の力（回転座標系における慣性力）である（犬竹 2000: 257）。カントは、力学的な運動力を$F=mv$で示される作用力として考えており、中心へと向かう向心力の作用Fの反作用-Fとして遠心力が記述されうるとみなしていた。

(21) 第X束、第XI束は一七九九年八月から一八〇〇年四月までに書かれたとされる草稿群であり、主観の自己触発が中心的主題として俎上に載せられる。アディケスはこれを「エーテル演繹」に続いて「新たなる超越論的演繹」とみなした（Adickes 1920: 235）。

(22) ホールは、批判哲学における認識の要件「空間・時間・カテゴリー・統覚」を「R」とした上で、『遺稿』における経験の統一（P）とエーテルの実在（Q）を次のように定式化している。「移行1－14」草稿が示したのはP→（Q∧R）であった。それに対して第X束、第XI束が示したのは（Q∧R）→Pである。そして、「移行1－14」と第X束、第XI束とが協働して、必要十分条件P↔（Q∧R）の論証が構成されるのだ、と（Hall 2017: 116）。

(23) 『遺稿』におけるforma dat esse reiの「大活躍」に注目した研究として、福谷の著書がある。福谷はこの命題が「『純粋理性批判』と同じことを、ただし逆方向から述べたものに他ならない」（福谷 2009: 21）と述べ、『遺稿』がもつ『純粋理性批判』との表裏一体の関係を指摘している。また同書において福谷はこの forma dat esse rei が、「経験の可能性の条件が同時に経験の対象の可能性の条件である」という『純粋理性批判』の命題と同じことを逆方向から述べたものであるという解釈を提示している（福谷 2009: 228f.）。本稿はこの研究に触発されつつも、forma dat esse rei の哲学的射程よりもむしろ、命題が登場する背景に注目し、この命題は特にこの「移行1－14」における議論の中で、熱素という経験の実質的条件と悟性という形式的条件とを接合するという重要な意味をもつものであることを示そうとするものである。

（24）アカデミー版第XXII巻末の索引によれば、『遺稿』全体を通して forma dat esse rei への言及は計二九例ある。そのうち、二五例が「移行1－14」以降のものである。

（25）したがって、「エーテル演繹」が「非主観的」で「実質的」な認識条件を確立することを目指したものであるという解釈（Edwards 2018: 189）だけでは「移行1－14」においてカントが体系化を試みた経験理論を完全に説明することはできないように思われる。なお、エドワーズのこの論文では「汎通的規定」に関する重要な論点が主題化されているが、本稿では紙面の都合上、これにはあえて踏み込まない。

参考文献

Aickes, E. 1920: *Kants Opus postumum*, Reuther & Reichard.

Basile, G. P. 2013: *Kants »Opus postumum« und seine Rezeption*, Walter de Gruyter.

Buchenau, A. und Lehmann, G.(Hg.) 1925: *Der alte Kant. Hasse's Schrift: Letzte Ausserungen Kants und persönliche Notizen aus dem opus postumum*, Walter de Gruyter.

Emundt, D. 2004: *Kants Übergangskonzeption im Opus Postumum*, Walter de Gruyter.

Edwards, J. 2018:" Wolff, Baumgarten, and the Principle of Thoroughgoing Determination in Kant's Opus postumum", in: *Baumgarten and Kant on Metaphysics*, ed. by C. D. Fugate & J. Hymers, Oxford University Press.

Förster, E. 1993: "Introduction", in: E. Förster & M. Rosen(tr.) *Opus postumum*, Cambridge University Press.

Förster, E. 2000: *Kant's Final Synthesis*, Harvard University Press.

Friedman, M. 1992: *Kant and the Exact Sciences*, Harvard University Press.

Grezer, T. 2018: *Kant on Reality Cause, and Force*, Cambridge University Press.

Groß, F. (Hg.) 1993: *Immaenul Kant. Sein Leben in Darstellungen von Zeitgenossen. Die Biographen von L. E. Borowski, R. B. Jachmann und E. A. Ch. Wasianski*, Wissenschaftliche Buchgesellschaft.

Hall, B. W. 2017: *The Post Critical Kant*, Routledge.

Massimi, M. 2008: “Why there are No Ready-Made Phenomena”, in: *Kant and Philosophy of Science*, ed. by M, Massimi, Cambridge University Press.

Mathieu, V. 1989: *Kants Opus postumum*, hrsg. von G. Held, Klostermann.

Plaaß, P. 1965: *Kants Theorie der Naturwissenschaft*, Vandenhoeck & Ruprecht.〔邦訳：『カントの自然科学論』（犬竹正幸・中島義道・松山寿一訳）、哲書房、一九九二年〕

Rollmann, V. J. 2015: *Apperzeption und dynamisches Naturgesetz in Kants opus postumum*, Walter de Gruyter.

Schulze, S. 1994: *Kants Verteidigung der Metaphysik*, Tectum.

Thorndike, O. 2018: *Kant's Transition Project and Late Philosophy*, Bloomsbury.

Tuschling, B. 1971: *Metaphysische und transzendentale Dynamik in Kants opus postumum*, Walter de Gruyter.

犬竹正幸（訳）二〇〇〇：『カント全集　12　自然の形而上学』岩波書店。

犬竹正幸二〇一一：『カントの批判哲学と自然科学』創文社。

福谷茂二〇〇九：『カント哲学試論』知泉書館。

Ⅳ　ア・プリオリな哲学的認識はいかにして可能であるか

千葉清史

カントはア・プリオリな総合判断のいくつかを証明した。さて、そのような証明が正しい、といういわばメタレベルの哲学的認識はいかにして可能となるのだろうか？　本論考が取り組むのはこの問いである。本論考はさらに、この問いに対して、特に『純粋理性批判』のア・プリオリ性を擁護する方針での解決を与える道を模索する。

本論考の問題設定をより詳細に提示する前に、まずは「ア・プリオリ」ということについて最低限の解説を加えておくことにしたい：本論考において「ア・プリオリ」という語で意味されるのは、特に認識的正当化に関するア・プリオリである。すなわち、認識、判断、主張、命題等が経験的認識から独立に正当化される、ということである。この意味でのア・プリオリは、起源に関するア・プリオリ、すなわち、直観、概念等が経験によらずに我々に所有される（生得的であれ、「根源的に獲得される」のであれ）、ということから区別される。[1] 両者の区別を理解するためには、例えばチョムスキーの普遍文法説を考えてみればよい。それが正しいとするならば、普遍文法は人間に（起源に関する意味で）ア・プリオリに備わっていることになるであろうが、この理論の正当化はもちろん経験的に行なわれるよりほかない。――　以上の準備のもとで、本論考の問題設定を提示することにしよう。

ある哲学体系の基礎を問うメタレベルの問いは常に興味深い。しかし、こと『純粋理性批判』に関しては、この問いが喫緊なものとなる特別の理由がある。カント自身がすでにア・プリオリな総合判断の証明の一般形式についての説明を与えているのだが（特に、「原則の分析論」の「あらゆる総合判断の最高原則について」ならびに「超越論的方法論」の「証明に関する純粋理性の訓練」において）、それがうまくいっているようには思われないのだ。

カント自身の説明はおよそ次のように総括できる：ア・プリオリな総合判断が証明されるのは、それが経験の可能性の条件をなす、ということが示されることによる。より詳しく述べれば、その証明は次のような――今日では「超越論的論証」と呼ばれるであろうような――形をとる（以下、簡略化のため、これを「説明K」と呼ぶ）：

1. 経験（あるいは、例えば《我々は主観的時間順序と客観的時間順序を区別している》といった、経験の特徴的なありかた）が可能である。
2. Pということは、経験（あるいは経験の件の特徴的なありかた）がそもそも可能であるための必要条件である。
3. よってP。

カントの議論のこうした理解自体は、『純粋理性批判』の基礎あるいは「超越論的論証」を論じてきた多くの解釈者によってすでに指摘されてきたことであり、取り立てて新味はない（cf. e.g. Walker 1978, Stern 2000 and Forster 2008）。本論考が主題とするのはむしろこうした説明の先に生じる問題である。『純粋理性批判』におけるカントの具体的な議論を見る限り、そこには、分析的でもなければ説明Kのような仕方で正当化されるのでもないような言明――以降、簡略化のため、そのような言明を「非K的基礎言明」と呼ぶことにする――が多数見いだされる（次節で具体例を挙げる）。そうであるならば、これらの言明がどのようにして正当化されるのか、ということは当然問われるべきこととなる。これに十分な回答が与えられない限り、『純粋理性批判』におけるカントの考察は、十分に基礎づけられているとは言えないことになろう。

あるいはこうした言い方は問題の本質を外してしまっているのかもしれない。非K的基礎言明は一つの特徴を持つ：どれもきわめて尤もらしいのである。したがって、それらがそもそも正当化されるのか、ということはさほど喫緊の問題ではないのかもしれない。問題的なのはむしろ、それらの正当化はア・プリオリなのか、ということなのだ。カントの必当然性への志向（cf. e.g. A XV）を顧慮するならば、非K的基礎言明もまたア・プリオリに（すなわち経験的認識によらずに）正当化されることが期待される。しかしながら、それはいかにして可能であるか、と問い始めるや否や、諸々の困難が立ちふさがる。その一端を我々は以下で具体的に見ていくことになるが、その困難たるや、完全なア・プリオリ性はむしろ断念されるべきだと考える者が現れてもおかしくないほどのものなのだ。

実のところ、非K的基礎言明を含む『純粋理性批判』の全体が究極的には経験的に――例えば、非常に尤もらしい経験的認識からのアブダクションによって――正当化される、と考えることは一見して思われるほどばかげたものではない[2]。『純粋理性批判』のア・プリオリ性を擁護する方針――これを「ア・プリオリ主義」と呼ぶことにする――がうまくいかないならば、経験主義的な再解釈は次善の策として、解釈上有力なオプションとなる。どちらのアプローチが正しいのか、具体的な探究を始める前にあらかじめ決定しようとするのは賢明なことではなかろう。両者の解釈方針は並行して展開されるべきなのだ。

問題状況についてのこのような理解の上で、私は少なくとも本論考では、非K的基礎言明についてア・プリオリ主義的な説明を与える道を模索する[3]。だが、その課題の困難さに鑑みれば、単一の論文で十全な解決が実現されると期待することはできない。したがって本論考の目標設定は次のような控えめなものとなる：『純粋理性批判』の基礎についてのア・プリオリ主義的説明を貫徹しようとするならば、どのような問題が待ち構えているのかを可能な限り明らかにすること。――私はそうした問題の解決のための提案もいくつか行なうが、そうすることの眼目は、解決策そのものの提案、というよりはむしろ、さらにその先に出来する問題群を明瞭ならしめることにある。こうして、『純粋理性批判』の基礎を問う、という研究プログラムのための着手点を打ち立てることが本論考の目的である。

本論考は以下のように進む。第一節では、非K的基礎言明の実例を示す。第二節では、その正当化のア・プリオリ主義的な説明についての私の提案の概略を提示する。第三節と第四節では、私が提案する方策が逢着するであろう諸問題を考察することと通じて、私の提案をより具体化していく。

一　非K的基礎言明の具体例

遺漏なきリストを提示することはここではもとより意図されていない。私は次のことを示すのに十分なだけの実例を挙げるにとどめよう：『純粋理性批判』のうちにはそうした言明が実際に存在し、またそれらは、『純粋理性批判』の体系上基礎的な主張である、ということを。以下、紙面の都合上、実例の収集範囲は「超越論的分析論」までとし、また、「純粋悟性の原則」に関しては「第二類推」で代表させることにする。

(1)　感性と悟性／直観と概念の区別：例えば、(1a)「人間の認識には二本の幹〔…〕すなわち感性と悟性があり、前者を通じて私たちに対象が与えられ、他方で後者によってそれが思考される」(B29)、(1b)「内容を欠いた思考は空虚であり、概念を欠いた直観は盲目である」(A51/B75)、等々。

(2)　空間・時間の「形而上学的究明」におけるカントの結論（空間・時間についての我々の表象はア・プリオリかつ直観的である）を導くための論拠をなす言明：例えば、(2a)「空間が存在しないことは決して表象しえない一方で、空間中にいかなる対象も見いだされないことは十分考えられる」(A24/B38f.)、(2b)「空間は与えられた無限の量として表象される」(B40)、等々。

(3)　「超越論的演繹」の論拠をなすもの：例えば、(3a)私は純粋統覚を持ちうる者として実際に存在している、(4)
(3b)「私たちがあらかじめ自分で結合したのでなければ、我々は何ものも客観において結合されたものとして表象することはできない」(B130)、等々。

(4)　「あらゆる総合判断の最高原則について」：経験がそもそも可能である。

(5)　「第二類推」の論拠をなすもの：例えば、(5a)我々は、外的対象の客観的継起を、覚知の主観的継起から区別している、(5b)継起する二つの外的出来事の間に、そのような継起を必然的たらしめる何らかの秩序が存する、と想定することは、外的対象の客観的継起を覚知の主観的継起から区別することができるための必要条件である、等々。

以上が非K的基礎言明、すなわち(a)分析的ではなくかつ(b)説明Kのような仕方で正当化されるのでもない言明、であることを確認しよう。(a)に関しては、これらは明らかに拡張的な主張であるため、分析的ではない。(b)に関しては若干の考察が必要となる。まず(1)については、それらの正当化は説明Kの形式に従うか否かを問う以前に、いかなる正当化も与えられていない。『純粋理性批判』をはじめとする批判期の著作を見る限り、これらはあたかも自明であるかのような仕方で提示されている、というのが実情である。[5] (2)については、それらが属する空間・時間の「形而上学的究明」には、まず経験の可能性についての言及がない。さらにそれらの主張は総じて、あたかもそれらが自明であるかのような仕方で提示されている。(4)については、それ自体が説明Kの大前提なので、それがさらに説明Kのような仕方で正当化されると考えるのは無理がある。(3)と(5)については個別の検討を要する。

(3a)はいわゆるコギト命題であり、その正当化は経験的であると考えるほうがむしろ自然なように見える。[6] この点は第四節で主題化されるが、いずれにせよこれが経験の可能性の条件として正当化されているわけではないことは確かである。(3b)については、それを正当化するような議論は全く与えられていない。これもまたカントは単に自明とみなしたのだろう。

(5a)については、「我々は実際そのようにやっている」というような仕方で経験的に正当化されるのか、あるいはそのようなことが何らかの仕方で直接知られる、と考えられるべきか、判断が分かれるところである。とはいえ、いずれにせよそれは、経験が可能であるための条件だ、という理由で正当化されているわけではない。(5b)については、それ自体が非K的基礎言明であるか、あるいはその正当化が別の非K的基礎言明に依拠することになるか、さもなければその正当化は無限退行に陥ることがわかっている（cf. Forster 2008, pp.65f.）。

以上が非K的基礎言明の例であるが、これらには興味深い共通点が見いだされる。それらはそれ自体で非常に尤もらしい——いわば「自明」であるとすら言えそうな——主張であるか、あるいは少なくともカントによってそうしたものとして提示されているのだ。したがって、カントの議論がうまくいっているのかを吟味する文脈においてならば、非K的基礎言明の正当性の問いはさほど喫緊の課題にはならないわけだ。

しかし、ことア・プリオリ主義の可否が問題であるならば、あえて問われねばならない：そうした言明のア・プリオリな正当化はいかにして可能であるか？ このことが説明されない限り、『純粋理性批判』は結局のところ経験主義的に再解釈されざるを得ないことになろう。次節ではまず、この説明のための私の提案の概略を提示する。

二　私の提案の概略

まず、本論考の前提ならびに前節で挙げられた例の考察から、求められる説明が満たすべき特質を列挙することにしよう。私の提案は、それらの特質を満たしうる一つのオプションとして提示されることになる。

まず、本論考がア・プリオリ主義を志向する、という前提からして、非K的基礎言明の正当化はア・プリオリ／非経験的なものとされることになる。次に、前節で挙げられた実例から次のことが窺われる：それらは拡張的認識を与える。したがって、それらを正当化する、単なる概念の分析を超えた、何らかの実質的な認識源泉が想定されなければならない。また、前節の実例を見ると、それらは何かより基礎的な認識から推論されるのではなく、直接に知られる、すなわち、いわばそれ自体で明らかであることとして提示されているように思われる。——つまり、求められる正当化は、何らかの拡張的認識を、ア・プリオリかつ直接的（非推論的）に正当化するような、実質的な認識源泉を想定するようなものだ、ということになる。

こうした正当化を具体化するため、私はローレンス・バンジョーの「合理的洞察［rational insight］」の構想を援用する。以下、BonJour 1998 に依拠しつつ、この構想を以降の考察に必要な限りで手短に紹介することにしよう(7)。

　バンジョーが説明しようとするア・プリオリな正当化は、総合命題——彼のお気に入りの例は「どんな物も、同時に全面が赤くかつ全面が緑であることはありえない」である——のみならず、分析命題や（modus ponens 等の）論理的推論も含む。まずバンジョーは、（ア・プリオリな正当化を総じて否定する「ラディカルな経験主義」に抗して）(1)ア・プリオリな（＝経験に依存しない）正当化の存在が認められなければならないことを示す。その論拠の一つは、ア・プリオリに正当化されるとみなされるのが尤もらしいような例が多数存在する、ということである（例えば論理学や数学）。もう一つの論拠は、ア・プリオリな正当化を総じて否定するとすれば、論理的推論すら経験的にのみ正当化されることになるが、そうすると、《我々は直接経験ないし観察したこと以上のことは知りえない》とする極端な懐疑論が帰結してしまう、ということである（cf. *ibid.*, pp. 2-6）。次に彼は、ア・プリオリな正当化の実例（と思われるもの）を検討し、ア・プリオリな正当化においては、(2)正当化されるべき命題の真理性が、非推論的［non-discursive］な仕方で——すなわち何か他のものからの帰結としてではなく——直接に把握される、と結論する（cf. *ibid.*, pp. 100-6)。こうした、非経験的かつ直接的な正当化を行なう能力をバンジョーは「合理的洞察」と名づける。例えば、「どんな物も、同時に全面が赤くかつ全面が緑であることはありえない」ということは、（「ありえない」という様相的規定も含め）合理的洞察によって直接知られる、というわけである。

　さて、バンジョーのこの考えを非K的基礎言明のア・プリオリな正当化の説明のために用いる際には一つの留保が必要となる。合理的洞察による説明は、非K的基礎言明の例として前節で挙げられた全てのものに適用することはできない。この事情について説明しよう。

　前節で挙げられた実例を見れば、それらは少なくとも二つのグループに大別できよう。まずは(3a)《私は自己意識を持ちうる者として実際に存在している》の特殊性が目を引く。他のものが認識能力のふるまい（認識能力の働き方や、特定の認識能力によってどのようなものがどのような仕方で表象されるか、といったこと）について述べているのに対して、これは（実際に哲学的考察を行なっている）この私の現実存在について述べている。こうした事実言明を正当化するために「合理的洞察」といった特殊な能力に訴えるのは無理がある。そのようにするぐらいならば、前節で示唆されたように、これは経験的に正当化される、とするほうがずっと自然だろう。

(4)《経験がそもそも可能である》もまた同様の特質を持つ。これは一見すると可能性を述べるもので、事実言明とは異なるように思えるかもしれない。しかしながら、これは実のところ、単なる論理的な可能性を述べるものでないばかりか、《経験なるものを実際に誰かが行なっているかどうかはわからないのだが、誰かが経験を行なう、ということが「実在的に可能」［real möglich］であることは確かだ》などといった迂遠なことを述べているものと考えるのにも無理がある。それはもっと端的に、(4')《私は実際に経験を行なっている》ということからの帰結だと考えたほうがずっと自然だろう。

以上の考察より、前節で挙げられた非K的基礎言明は、次の二つのグループに大別されることになる：［グループ1］認識能力のふるまいについて述べるもの。［グループ2］「私は自己意識をもちうる者として実際に存在している」「私は実際に経験を行なっている」といった事実主張。前節で挙げられた例の中では、(3a)と(4)はグループ2に、それ以外はグループ1に属するとさしあたり考えられる。[8] そしてこのグループ分けに基づき、ア・プリオリな正当化の説明のための私の提案は次の二段階をとることになる：［段階1］グループ1に属するものの正当化については、合理的洞察を用いて説明する。これは次のように想定することに等しい：認識能力のふるまいについて、[9] 我々は非経験的で非推論的な直接知を得ることができる。［段階2］グループ2に属するものについては、経験的に正当化されるように見える言明をア・プリオリ主義の枠内で処理するための方策を模索する。

以上が私の提案のアウトラインである。以下で、それぞれの段階で生じるであろう問題を考察し、私の提案をさらに具体化する。第三節では段階1をめぐる問題が、第四節では段階2をめぐる問題が扱われる。

三　認識能力についての直接知をめぐる問題

認識能力のふるまいを我々は直接に認識する、しかも、自分の心そのものについてのことなのであるから、デカルト的確実性をもって認識する――このように考えることは（少なくとも近世哲学の枠内では）むしろ自然なことだと考える向きもあろう。しかし、こうした考えは多くの困難に突き当たることになる。

本節では特に次の問題が扱われる：(A)バンジョーの「合理的洞察」という考え方そのものに関する問題。(B)特にカント批判哲学体系において「合理的洞察」のようなものを用いることに関する問題。(C)私の提案は物自体の不可知性テーゼに抵触するのではないか、という問題。(D)私の提案はカントが否定した「知的直観」のようなものを持ち込むことになるのではないか、という問題。これらを順に論じていくことにしよう。

(A)バンジョーの主張と議論にはさまざまな批判がなされてきたが、[10]一見してとりわけ問題的だと思われるのは、合理的洞察とは正確にはどのようなものかが明確ではない、ということであろう。例えば、それはどのようなメカニズムによって生じるのか？　必然的事態の直接把握ということはいかにして可能なのか？　必然的事態が認識者を何らかの仕方で「触発」するのだろうか？　そうであるならば、その触発とはどのようなものか？――等々。

意外なことにバンジョーは、自分がそうしたことについて十分な説明を持ち合わせていないことを率直に認める（cf. BonJour 2001, p.673）。しかし彼は、このことが「合理的洞察」という構想そのものを否定する論拠にはならない、と論じる：意識がいかにして可能か、ということについていまだに十分な説明が与えられていないことは事実であるが、このことから、意識の存在を想定するのは問題的だ、と結論するならばばかげたことだろう。これと類比的に、合理的洞察の想定は、（そのようなものを想定することの必然性を示す彼の議論が説得的である限り）そのメカニズムについての十分な説明が与えられなくとも使用可能なのだ（cf. *ibid.*, p.674）。

さて、これと類似した戦略が私の提案にも適用できる。1．非K的基礎言明が存在すること、2．それらは正当化されなければならないこと、しかも3．ア・プリオリ主義を擁護したいならばそれらがア・プリオリに正当化されることも説明せねばならないこと、そして、4．それらは分析的ではなく、5．非推論的な直接的認識によって正当化される、ということ、これら全てのことが認められるならば、合理的洞察のようなものの要請は正当化されるのだ——たとえそのメカニズム、《それはいかにして可能なのか？》ということに説明が与えられなくとも。これが、「合理的洞察」についての詳細な説明を与えることなしにこの構想を用いることができる理由である。

(B) 我々は認識能力についての非経験的な直接的認識を持つ、という考えは合理主義的にすぎ、デカルトやライプニッツによる体系でならば採用可能であろうが、カント哲学にはふさわしくない、と考える者もいるかもしれない。ダーク・ペレブームは実際そのように主張し、また、こうした考えに対する代案を提示しもした。その主張のために彼が挙げている論拠はさほど説得的なものではないのだが——関心のある読者は Pereboom 1990, p. 41 を参照されたい——彼が提示している代案は検討に値する。

ペレブームによれば、『純粋理性批判』における認識能力についての認識（彼はそれを「超越論的知［transcendental knowledge］」と呼ぶ）の正当化は、いかなる経験的認識にも依存しない、というわけではない。それはむしろ、いかなる特定の［particular］経験的認識にも依存しない、と考えられるべきだ。すなわち、「超越論的知」の正当化は、いかなる任意の経験的認識からでも導出可能な情報にのみ基づく。この弱い意味でのア・プリオリ性こそ、カントの哲学的認識に帰せられるべきものである（cf. *ibid.*, esp. pp. 38f, and Pereboom 1991, pp. 366–70）。——以上の見解を、便宜上、「最小経験主義」と呼ぶことにしよう。

最小経験主義が非K的基礎言明の正当化を説明するために十分なものであるならば、それは合理的洞察といった怪しげな認識能力を想定するよりも理論的に倹約であり、より望ましい説明だということになろう。しかしそれは本当に十分なものなのだろうか?

実のところ、グループ2の言明に関してはこれでうまくいきそうである（これについては次節で論じる）。しかし、本節が扱うような認識能力のふるまいに関するもの（グループ1）に関しては事情が異なる。これらの言明には、単なる事実主張ではなく、普遍性・必然性主張を行なうものがある（例えば(2a)、(3b)、(5b)）。さて、よく知られた論点であるが、普遍性・必然性主張の完全な正当化のためには有限個数の経験的認識では十分でない[11]。この点は、「任意の経験的認識」という但し書きをつけたところで変わりはしない。例えば(5b)に関して最小経験主義の路線で正当化されるのは、継起を必然的なものとする秩序を想定せずに客観的継起の観念が持たれるようなことは今まで経験された限りではなかった、ということにすぎない。これは(5b)が持つ不可能性の主張には程遠い。

あるいはペレブームは、有限個数の経験からある種の一般性、《例外は存在しえない》という類の必然性を読み取ることができる、と考えたのかもしれない（フッサールの「本質直観」のように）。ただ、そうであるならば、有限個数の実例から特定の必然性・一般性を看守する能力を想定することになろう。しかしこれは合理的洞察のような能力を持ち出すことにほかならならず、最小経験主義のもともとの着想に反する。――このように、最小経験主義はいずれにせようまくいかない。

(C)　私の提案から離れても、そもそも認識能力についてのカントの諸主張は物自体としての自己――認識主観のそれ自体であるありかた――についての認識であらざるを得ず、したがって物自体の不可知性テーゼに反するのではないか、という疑念はしばしば提起されてきた。というのも、カントによれば現象は認識能力の働きによっていわば構成されるのであるから、その構成の働きそのものもまた現象であると考えるのは不合理であろうし、そして現象でないならば、少なくともカント的枠組みではそれは物自体であらざるをえないであろうからである（cf. e.g. Strawson 1966, Walker 1978 and Forster 2008）。私の提案は特に認識能力についての非経験的直接知を想定するものであるから、この疑念はよりいっそう強まることだろう。

　これは非常に困難な問題であり、ここで十分な解決を与えることはもとより断念されなければならない。以下では、問題解決のパターンと、現在私が最善手だと考える方針の概略を素描するにとどめる。

　この問題に対処するための方策にはさしあたり次の四種のパターンが考えられる：

(a) 認識能力についての直接知が物自体としての自己についてのものであることを否定する。
(b) それが物自体としての自己についてのものであることは認めるが、それが認識であることを何らかの仕方で否定する。(12)
(c) それが物自体としての自己についての認識であることは認めるが、それが物自体の不可知性テーゼに抵触することを何らかの仕方で否定する。
(d) それが物自体の不可知性テーゼに抵触することを認めるが、それはカント批判哲学体系にとってむしろ必要な修正である、と論じる。

(a)は本項冒頭に提示された理由により棄却される。(b)もまた見込みがないように思われる。というのも、認識能力についての認識こそ『純粋理性批判』の核心をなすものであり、それが認識でないと考えるのは無理があろうからである。私が提案するのは(d)であるが、それに先立ち、(c)の試みの一つである Pereboom 1991 を検討しよう。
　彼の解決の試みは次の二点を主張することからなる：(1)とりわけ自己認識に関して、カントが物自体の不可知性テーゼで否定しようとしたのは、ペレブームが「合理主義的実体知（rationalist substance-knowledge）」と呼ぶものである。これは、デカルトやライプニッツが想定したような、それが存在するために神以外の他の存在者を必要としないという意味で「自立した（self-subsistent）」存在者についての知である（cf. *ibid.*, pp. 361f.）。具体例は、カントが

「純粋理性のパラロギスムス」で否定したような、私は実体である、単純である、……等の主張である（cf. *ibid.*, pp. 362f.）。——注意せよ：少なくともペレブームの論述において、これらの主張は「合理主義的実体知」の（数ある中の）例として挙げられているものであり、これを定義するものではない。——そして、(2)カントの「超越論的知」はこうした「合理主義的実体知」ではない（cf. *ibid.*, p. 364）。以上が成功裏に立証されれば、「超越論的知」は物自体についてのものだが、（正しく理解された意味での）物自体の不可知性テーゼには抵触しない、と結論できることになろう。

しかしながら、ペレブームは、上の二点のどちらを示すことにも成功していない。(1)に関しては、物自体の不可知性テーゼの正確な内実を、カントがそれに与えた論拠も考慮しつつ再検討する必要があるはずだが、ペレブームはそうした考察を行なっていない。(2)に関しては、ペレブームが行なっているのは、「超越論的知」は「純粋理性のパラロギスムス」で否定される主張とは異なる、ということを指摘するだけのことであるが、それでは十分ではない。先に触れられたように、「合理主義的実体知」はそうした主張によって尽くされるとは限らないからである。

私自身はペレブームに反し、「超越論的知」が物自体の自己についての認識であることを認める以上、それが物自体の不可知性テーゼに全く抵触しない、と主張することには無理があると考える。不可知性テーゼは変更を迫られるのだ。したがって私は上述の方策(d)をとる。すると問われるべきは、そうした変更はカント批判哲学体系にとって許容可能なのか、いやむしろ必要なものですらあるのではないか、ということとなる。

まず、（私が提案する）合理的洞察による認識能力の直接知が、物自体の不可知性テーゼに対してどのような変更を迫ることになるのかを確認することにしよう。不可知性テーゼの内実とカントがそのために挙げている論拠について私はChiba 2012の8．3節で詳細に論じた[13]。ここでは、そこでの成果を目下の議論に必要な限りで紹介するにとどめる：(1)物自体の不可知性テーゼによって不可知とされるのは、物がそれ自体でどのようにあるか、ということ（物自体の性状［Beschaffenheit］）である（cf. *ibid.*, pp.362-4）。(2)物自体の不可知性テーゼのためにカントが挙げている議論はおよそ次のように総括できる：認識のためには直観が必要だが、我々人間にとって可能なのは感性的直観のみであり、これは物がそれ自体であるあり方を認識せしめない（cf. *ibid.*, pp.365f.）[14]。

合理的洞察による認識能力の直接知が物自体としての自己についての認識である以上、それは(1)に抵触せざるを得ない。しかし重要なのは不可知性テーゼの論拠との関わりである。合理的洞察の導入は、特に上述の傍点部分を変更する。すなわち、そのようなものが認められるとするならば、それは、感性的直観に加えて、人間にとって可能な認識源泉とみなされることになるのだ。こうして、物自体の不可知性テーゼは、合理的洞察による認識能力の直接知をその例外とするような仕方で変更されることになる。

さて、このような変更は許容可能なものだろうか？　それは、合理的洞察、というカント自身が明示的に認めているわけではない[15]認識源泉をカント批判哲学体系に導入することが許容可能かどうかにかかることになろう。そしてことこのことが問題となるならば、それに肯定的に答えるよい理由がある：合理的洞察のようなものの導入は、『純粋理性批判』がア・プリオリな探求であり、非K的基礎言明ですら非経験的な仕方で正当化される、ということを確保するために、すなわち、ア・プリオリ主義を貫徹するために必要なのだ。このことは、前項までの議論によってある程度裏づけられたものと私は信ずる。

ここで私は次のことを強調しておきたい：合理的洞察のような認識源泉をカント批判哲学体系に新たに導入することが独立の議論によって正当化されるならば、それが物自体の不可知性テーゼに抵触する、ということはそれを導入することの障害にはならない。合理的洞察はカントが明示的に認めた認識源泉ではない以上、それを新たに導入するならば、以前には認識不可能とされていたいくつかのものが認識可能とされることになるということはむしろ当然のことである。問われるべきは、合理的洞察のようなものを新たに導入することの是非であり、このことが問題となる限り、前段落のような応答が十分な効力を持つ。

(D) 前項と関連するが、認識能力は合理的洞察によって直接認識される、という私の提案は、カント自身が（少なくとも人間には）否定した知的直観のようなものをカント哲学に導入することになるのではないか、という疑念もあろう。こうした疑念に対して手短に応答することにしたい。

まず、次の二点を確認しておこう：(a)合理的洞察による認識能力の直接知は、知的直観（のようなものがもし可能であるとすればそれ）と同様、物自体としての我々のあり方を認識せしめるものであり、物自体の不可知性テーゼに抵触するが、それは致命的な難点とはならない、ということを私は前項で示した。(b)合理的洞察は、「根源的直観[intuitus originarius]」のように、その対象を生み出す（「その直観の仕方をつうじて、直観の客観の現存在さえも与えられる」(B72)）ような類の認識ではない。

この二つの留保が受け入れられるならば、合理的洞察が「知的直観」と呼ばれうるものであるかどうかは言葉の問題にすぎない、と私は言いたい。――ここでもう一度、本論考の論争上の立ち位置を指摘しておくことは有用だろう。私が主張するのは、ア・プリオリ主義を貫徹しようとする限り、カント哲学は、感性的認識に加え、認識能力のふるまいについての直接的認識のようなものを認めざるを得ない、ということである。こうした認識能力への言及は、『純粋理性批判』のうちには（少なくとも明示的には）見られないから、我々はカント哲学体系にそうした特殊な認識能力を新たに付け加えなければならない、ということになる。したがって、合理的直観が単に「知的直観」と呼ばれうる、ということは私の提案にとっての障害とはならない。

四　事実言明をめぐる問題

グループ2に属する非K的基礎言明についてはいささか事情が異なる。私が挙げた例は次の二つであった：(3a)私は自己意識を持ちうるものとして実際に存在する。(4')私は実際に経験を行なっている（これから(4)経験がそもそも可能である、が導かれる)。これらについては、合理的洞察などといった怪しげな能力を持ち出さなくとも、「私は実際にそのようにやっている」という仕方で経験的に正当化されると考えたほうがずっと自然であるように見える。なるほど、こうした言明が経験的に正当化されることを認めたとしても、『純粋理性批判』の諸論証の成否にはさほど影響しはしないだろう。というのも、これらはいずれにせよ非常に尤もらしく、誰もまともに疑おうとはしないようなことであるからだ。

とはいえ、『純粋理性批判』がア・プリオリな探究であるという理解を貫徹しようと思うならば、こうした言明も何らかの——正当化に関わる——意味でア・プリオリであることが示されるべきだろう。

そのための一つの有力な方策は、前節で検討された、ペレブームの最小経験主義を用いることである。この考え方の問題点として前節で指摘されたのは、これは普遍性・必然性主張の正当化を与えることができない、ということであった。しかし、目下問題となっているグループ2に属する言明は事実主張なので、同様の問題は生じない。例えば(3a)は、どのような経験に基づいても、それから反省的に正当化されることだろう。

確かにこれは解決としては問題ないものを与える。しかしまだ何か重要なことが取り逃されている、との印象を禁じ得ないのではあるまいか？　私が考えるに、その理由は次のことにある：最小経験主義は、(3a)や(4')が論証上極めて特異なものだという点を説明しないのだ。最後に、この点に注目することでこれらの正当化のア・プリオリ性を説明する方策を考えよう。

私見では、これらの命題の特殊性は、これらを否定することがいわゆる「遂行的矛盾」を犯すことになる、ということであるように思われる。(3a)に関してそれは明らかである。(誰かが「自分は存在しない」と主張するとすれば、その主張は、まさにその人が行う主張行為との間に矛盾をきたす。)(4')についても、「経験」が外的経験のみならず、内観や思考を含む意識活動全般を包括するものと理解すれば、それを否定することが遂行的矛盾を犯すものであることが理解されよう。

遂行的矛盾によって示されるのは、(3a)や(4')が述べることがいかなる経験的認識にも構造的に先行する、ということであり、これは正当化についてのア・プリオリではなく起源に関するそれなのではないか？[16]　こうした疑念に対して私は次のように応答したい：遂行的矛盾の指摘による正当化——誰であれ(3a)や(4')を否定しようとするならば遂行的矛盾を犯す、ということを示すことによってそれらを正当化すること——は経験的認識に基づかない、ア・プリオリな論証である。したがって、(3a)や(4')はア・プリオリに正当化される、と。

以上の考察において私はさしあたり、提起されたすべての問題に対して解決案を与えて論証行程を閉じた。しかし——当然のことであるが——私の解決案に対してさらなる問題点が指摘されることであろう。そして私は強調したい：そうした問題点こそが、ア・プリオリ主義を貫徹するために解決されなければならない問題なのだ。本論考が目指したことは、問題の解決策を提案することで、それに対するさらなる問題提起を促し、そのことを通じて、『純粋理性批判』の基礎を問う、という研究プログラムの着手点を築くことなのであった。

こうした問題を一つ一つ解決し、ア・プリオリ主義を貫徹する方途を模索すること——これこそまさに、「批判哲学がめざしたもの」を今日において展開していくことに他ならないであろう。

註

(1)『純粋理性批判』における「ア・プリオリ」という語の使用にはこうした二義性がある、ということは、私の独創でないばかりか、とりたてて新奇な指摘であるわけでもない。Cf. e.g. Pereboom 1990, p.26 and Kitcher 2006.

(2) こうした解釈として例えば Rosenberg 1975 を参照。こうした解釈が端的にばかげたものに見えるとすれば、それはおそらく、経験的な正当化ということを偏狭な帰納主義——有限個数の事例からの単純な一般化——の路線で捉えるからであろう。

(3) 千葉 二〇一八で私はむしろ『純粋理性批判』の経験主義的再解釈を提案した。こちらのプロジェクトも現在進行中である。

(4) カントによって明言されてはいないが、これが「超越論的演繹」の前提の一つをなすことは、その部分論証を説明Kが述べるような形で再定式化することで確認できる：1．私は純粋統覚を持ちうるものとして実際に存在している。2．私の諸表象を何らかの総合統一にもたらすことは、私が純粋統覚を持ちうるための必要条件である。3．よって、私の諸表象は何らかの総合統一にもたらされなければならない。

（5）Prauss 1971は、感性と悟性の区別は、彼が「経験の事実［Faktum der Erfahrung］」と呼ぶもの、すなわち、経験的認識は真あるいは偽でありうるものである、ということからの帰結であると論じた（邦訳六六―七一頁を参照）。この解釈が仮に正しいとしても、「経験の事実」が知られるのは経験的かア・プリオリか、ということがさらに問われるべきこととなろう。

（6）カントもまた『純粋理性批判』第二版「純粋理性のパラロギスムス」の有名な注において次のように述べる：「私は考える、ということは、すでに言われたように、経験的命題であって、私は実在する、という命題を自らのうちに含む」（B422, Anm.）。

（7）なお、バンジョー以外にも、「合理的洞察／合理的直観」のようなものに訴えてア・プリオリな正当化を説明しようとする論者は存在する（cf. e.g. Bealer 1999 and Peacocke 2005）。本論考の議論にとっては、こうした論者の具体的主張の間の差異は重要ではない。

（8）どちらに属するか明らかではないようなものもある（例えば(5a)）。また、別の第三のグループがあるかもしれない。こうした問題に対する十分な解決を与えることはここでは必要ではない。ア・プリオリ主義的解決の概略を示す、という本論考の目的からすれば、非K的基礎言明は少なくとも上述のような二つのグループに分かれ、それぞれに少なくとも次節以降で紹介されるような問題が存する、ということが示されれば十分である。（第三のグループが仮にあるとすれば、それについてはさらに別の解決策が必要となることだろう。そしてその場合、ア・プリオリ主義の貫徹は一層困難なものとなろう。）

（9）この点で私の提案はバンジョーの構想と袂を分かつ。バンジョーは、合理的洞察によって認識されるのは「それ自体の現実［*an sich* reality］」（*ibid.*, p.151）だと考える。それに対して私は、合理的洞察の守備範囲を認識能力のふるまいに限定する。

（10）例えば、*Philosophy and Phenomenological Research* 63におけるBonJour 1998についてのシンポジウムを参照されたい。ちなみに、以下で挙げる問題は、このシンポジウムにおける批判論文の一つであるBoghossian 2001で提起されたものである。

（11）無論、完全な正当化を断念してアブダクション等を用いれば、必然性主張にも一定の正当化を与えることはできる。しかし、そうした正当化は弁護の余地なく経験的であり、ア・プリオリ主義を志向する目下の文脈で用いることはできない。

（12）第十三回国際カント学会（2019）研究発表でKarin de Boerは、認識能力についての認識は客観についての認識ではないという論拠によってこの問題を回避することを提案した。本大会の論集は二〇二一年中に公刊される予定である。

（13）　この考察の簡略版としては、千葉 二〇一五の第四節を参照されたい。（十分な考察としてはやはり Chiba 2012 の当該箇所を見ていただくよりほかない。）

（14）　物自体の不可知性テーゼの論拠として、カテゴリーは物自体には適用できない、という論点もあると考える者もいるかもしれない。私見では、この論点は最終的には本文で指摘した論点に帰着する。Cf. Chiba 2012, p.369.

（15）　とはいえ、カント自身が、認識能力はそれ自身非感性的な仕方で認識される、という考えを（おそらくはうっかりと）漏らしている箇所がないわけではない。例えば『純粋理性批判』第三アンチノミーの解決中にある悪名高い次の箇所を参照：「しかし人間は、全自然を通常はもっぱら感官を通じてのみ知るとはいえ、自分自身をまた単なる統覚を通じて、しかも感官の印象に数え入れることが全くできないところの作用と内的規定において認識する」（A546/B574）。

（16）　この問題提起に関して中野愛理氏に感謝する。

参照文献

Bealer, Geroge 1999: “The A Priori”. In: John Greco/Ernest Sosa (eds.): *The Blackwell Guide to Epistemology*. Blackwell, 243–270.

Boghossian, Paul 2001: “Inference and Insight”. *Philosophy and Phenomenological Research* 63, 633–640.

BonJour, Laurence 1998: *In Defense of Pure Reason*. Cambridge University Press.

——— 2001: “Replies”. *Philosophy and Phenomenological Research* 63, 633–640.

Chiba, Kiyoshi 2012: *Kants Ontologie der raumzeitlichen Wirklichkeit: Versuch einer antirealistischen Interpretation der Kritik der reinen Vernunft*. Walter de Gruyter.

千葉清史 二〇一五：「「物自体は存在するか」という伝統的な問題の解決によせて」、『山形大学大学院社会文化システム研究科紀要』第一二号、一五―二六頁。

——— 二〇一八：「「物自体」とア・プリオリ：冨田恭彦氏のカント批判によせて」、関西哲学会（編）、『アルケー』第二六号、一一一四頁。

Forster, Michael 2008: *Kant and Skepticism*. Prinston University Press.

Kitcher, Philipp 2006: ““A Priori””. In: Paul Guyer (ed.): *The Cambridge Companion to Kant and Modern Philosophy*. Cambridge University Press, 28–60.

Peacocke, Christopher 2005: "The A Priori". In: Frank Jackson/Michel Smith (eds.): *The Oxford Handbook of Contemporary Philosophy*. Oxford University Press, 739-763.

Pereboom, Derk 1990: "Kant on Justification in Transcendental Philosophy". *Synthese* 85, 25-54.

——— 1991: "Is Kant's Transcendental Philosophy Inconsistent?". *History of Philosophy Quarterly* 8, 357-372.

Prauss, Gerold 1971: *Erscheinung bei Kant*. Walter de Gruyter.〔邦訳：『認識論の根本問題：カントにおける現象概念の研究』、晃洋書房、一九七九年〕

Rosenberg, Jay 1975: "Transcendental Argument Revisited". *Journal of Philosophy* 72, 611-624.

Stern, Robert 2000: *Transcendental Argument and Scepticism: Answering the Question of Justification*. Oxford University Press, 2000.

Strawson, P. F. 1966: *The Bounds of Sense*. Methuen.〔邦訳：『意味の限界：『純粋理性批判』論考』、勁草書房、一九八七年〕

Walker, Ralph 1978: *Kant: The Arguments of the Philosophers*. Routledge.

＊本研究は、JSPS科研費17K02186（「《経験的改訂を容れる「ア・プリオリ」概念》を用いたカント的超越論哲学の組み換え」）の助成を受けたものである。

V　カントが描く未来
——歴史と宗教と——

山下和也

序

本論文[1]は、カントの歴史哲学と宗教哲学を「先慮（Vorsehung）」という概念で結びつけ、それを通じてカントの哲学的目的を浮かび上がらせようとする試みである。この言葉は日本語では摂理と訳されるのが普通であるが、敬虔主義研究においては先慮と訳す。その理由は後述する。先慮という敬虔主義的概念については、自由意志論との関係で拙論「ドイツ啓蒙と敬虔主義　——自由論を巡って——」[2]において論じたし、拙著[3]でも扱ったが、今回はその歴史哲学的な未来論としての文脈に注目してみたい。なお、このドイツ語の単語そのものは近世初頭からあり、近世の多くの神学者、哲学者がこの言葉を使っている。カントもその一人であり、最初期の自然学的著作から晩年の歴史哲学、宗教哲学まで先慮という術語を用い続けた。それでもカントの歴史哲学と宗教哲学の連続性を否定する解釈はしばしば見られ、例えばゲオルク・ガイスマンは明確に「カントの宗教哲学とカントの歴史哲学とを密接な関係に置こうとする試み[4]」を否定するが、本論文はそうした解釈に一石を投じるという意図ももっている。

カントの先慮概念は後に見るように、「敬虔主義の父」と呼ばれた神学者、フィリップ・ヤーコプ・シュペーナー（一六三五—一七〇五年）の先慮概念にかなり近い。特に先慮論に基づくシュペーナーの神学概念「より良い未来への希望」が象徴する、神への信頼に基づく楽観論が、カント思想の根底に存するように思われるのである。後で見るが、カントの歴史哲学、宗教哲学はともに、曲折はありながらも人類の明るい未来を描いている。それも先慮に導かれるという形で。(5) そしてカントの実践哲学は歴史哲学と宗教哲学に直結する。また、実践哲学を自然科学と両立させながら可能にするのが、カントの認識論である。以上を踏まえるならば、カント哲学の大きな目的の一つが、先慮の存在を証明できないなりに理性信仰における信仰箇条として哲学的に位置づけ、その実現の促進を図ることにあったのではないか、という推測すら立つ。

前記の目標を達成するため、本論文の論述は、まず第一節でシュペーナーの先慮論を、「より良い未来への希望」という思想を中心に確認する。続いて第二節でカントの描く未来像を歴史哲学について、第三節で宗教哲学において見るとともに、そこで先慮が果たす役割について明確にしてみたい。最後にまとめとして、カント哲学の中で先慮概念の占める位置を確認し、カントの目的の一つが先慮の実現の促進にあると示すことを目指す。

一　シュペーナーの先慮論

『グリム独語辞典』によると、このVorsehungという単語の意味は、近世期にはもっぱら神との関係で考えられ、「人間的事物や全世界に対する神的配慮」(6) を意味していたようである。ただし、マルティン・ルター（一四八三―一五四六年）や改革派（カルバン派）では、ほぼ神の予定説の意味で用いられていたとある。シュペーナーの先慮概念はこれとはかなり異なっている。その特徴を挙げておくと、まず先慮と人間の自由意志の両立である。これについては、前記論文で詳しく述べたから詳論しないが、シュペーナーは人間の意志の決定が先慮とずれる可能性を認めている。シュペーナーの自伝には「神的先慮（Göttliche Providenz）が隠された仕方で」(7) シュペーナー自身の意志に反対し、シュペーナーの計画が実現しなかった場面が出てくる。予定説との違いは、人間の意志の在り様が結果に影響する点にある。Vorsehungが摂理でなく先慮と訳される理由もこのためである。神は人間の意志を文字通り先見するだけなのであり、それが神の先慮と一致しているなら、その実現は早められる。先慮論はまた教会改革の実現を保証し、信者への改革に向けた行動の呼びかけともなる。人間の決定が先慮からずれている場合、結果は人間の思い通りにはならない。それは神の罰である。この意味で、先慮論は神義論の意味ももつ。そして重要なことは、先慮の具体的な内容が人間にとって不可知とされていることである。人間にとって不可知であることを認めつつも、神の善への信頼に基づき、信者にとっての素晴らしい将来を予測する楽観主義に立つことと、その上で先慮の実現への人間の努力を要求することにシュペーナーの先慮論の特徴がある。

まず、その神義論としての性格を見ていく。一六七五年のシュペーナーの主著『敬虔ナル願望』(*Pia Desideria*)(8)の本論冒頭で、既存のルター派教会が激しく批判されるが、その例として挙げられるのがルター派の領邦を苦しめる「ペスト、飢餓、そして特にずっと続き、あるいはしばしば繰り返される戦争」(PD 104)であり、それらは教会の惨状に対して「義なる神がその怒りを証明し暗示するのが常なるもの」(*ibid.*)とされる。そしてシュペーナーはそうした苦難を、神の恵みとまで呼ぶ。それによってより酷い絶望的事態にならないように神が警告していると見なすからである。つまり、ペストや飢餓や戦争も、神の警告の手段であり、その原因は教会を悲惨な状態にしている人間にあることになる。ただし、人間が先慮の内実を知ることができるとシュペーナーは考えていない。神の業は「隠されて行われる」(PD 100)のである。

シュペーナーは『敬虔ナル願望』において、敬虔主義研究者の間で「より良い時代への希望」と呼ばれるテーゼを掲げる。「聖書をじっくり見れば、我々は、神がなおその教会のこの地上での若干のより良い状態について約束していることは疑いえない」(PD 172)。ここでは先慮という言葉こそ使われていないが、この神の約束が先慮に基づくことを読み取るのは容易であろう。シュペーナーが聖書において神が約束していると考えているのは、具体的にはユダヤ教徒のキリスト教への改宗とローマ・カトリック教会の没落であるが、「さて、これら二つのことが起きたとき、全き真の教会が今よりもはるかに天福あり、素晴らしい状態にない、などとどうやって疑いうるか、私にはわからない」(PD 174)とシュペーナーは言う。このテーゼのもつ意味は大きい。というのもルター派正統主義や当時の年代学(9)では、すでに世界の終末は近く、教会のこれ以上の改善は不可能と考えられていたからである。敬虔主義を研究する現代の神学者ヨハネス・ヴァルマンの言うように、シュペーナーはこのテーゼによって、「ルターからルター派正統主義に受け継がれ、三十年戦争によって再び活気づけられた間近な最後の審判の日への待望から、いやそもそもアウグスティヌス以来の西方教会において支配的であり、宗教改革によって強固にされた、いまの世界の時代は最後の審判を前にした終末であるという、歴史観から離反しているのである」(10)。つまり、シュペーナーはこのテーゼによって、当時近いと考えられていた終末を遠い未来へ先送り、かつ楽観的な教会の将来像を描いて見せたことになる。

そして、シュペーナーは、神の約束であるからこうした改善は時間がかかっても将来必ず起きるとその実現を聖書に基づけて保証し、信者を勇気づけつつ、なおそれへの信者の努力を要求する。「しかし、我々はそうした実現を希望するにしても、ただ単にそれを待つだけでは十分ではない」とし、その実現のために「為しうることをできる限り実行することを怠らない」ように義務づけられているとするのである(PD 176)。さらに、それを怠れば神罰を受けるであろうとも言う。シュペーナーによれば、「我々は、我々の教会をもって別のより良い状態にもたらしうるよう、安心しているのではなく自分自身に注意を払い、何も怠るべきでない」(PD 180)理由をもつのである。

二　カント歴史哲学における先慮

カントの歴史哲学において、先慮に基づくと思われる考え方が最も強く打ち出されているのは、一七八四年の『世界市民的見地における普遍史の理念』であろう。ここでまずカントは、「それ〔歴史〕が人間的意志の自由の活動を大枠で考察すると、自由の規則的な進行を見出すことができ、こうした仕方で、個々の主観については混乱し、無規則に目に映るものが、全体の類についてはそれでも、自由の根源的素質のたとえゆっくりしているにせよ、常に前進する発展が認識されうるであろう」（VIII 17）というテーゼを掲げる。そしてカントはその背後に、「道しるべとしての、彼ら〔個々の人間たち〕には知られない自然の意図（Naturabsicht）」（*ibid.*）を見出すのである。ヴォルフガング・M・シュレーダーの言う通り、カントの歴史哲学的議論の主前提には「自然と自由の両立性[11]」があり、このテーゼが実は先慮論を背景にもつことは、この論文において、「自然の、あるいはよりよくは先慮のそのような正当化」（VIII 30）と言い換えられていることから明白であろう。すでに一七七〇年以前とされる「宗教哲学へのレフレクシオーン」によっても、「先慮とは世界のあらゆる事物の神の意志の下への従属である」（*Refl.*8082 XIX 622[12]）とされるが、先述したように人間の意志の自由とは両立する。

カントがここで考えているのは、「人間的事物のこの不合理な進行の中に、一つの自然の意図を見出しえないかどうか、固有の計画なしに進行する被造物について、そこからなお、自然の一定の計画に従った歴史が可能でないかどうか」（VIII 18）を検討するということである。ただし、カントはそうした歴史を実際に見出すのではなく、「そうした歴史への道しるべを見出すことが成功するかどうかを見る」（*ibid.*）というところで止めている。カントは、マッシモ・モリの言う、「人間に歴史的世界形成において能動的で責任ある役割を認めるという啓蒙の要求が、先慮という議論へと立ち戻ることによって歴史の統一的で前進的な性格を保証するという要求を犠牲にする[13]」という危険を実はむしろ免れているのである。先慮は人間の能動的努力の下で、それが成功するか失敗するかという結果によってのみ、歴史を導くのであるから。

ここから、カントは九つの命題を掲げていく。第一の命題は、被造物の全ての素質はいつか完全に発達するように定められているというもので、第二命題は、理性の使用へ向けられた人間の自然素質は、個人でなく類においてのみ完全に展開すると明言する。自然は人間の寿命を短く設定したので、「最終的に自然の意図に完全に適合する発展段階まで、我々の類における自然素質の芽が発展するには、一つの系列が次の系列へ、自然素質の啓蒙を伝承していく、生殖のひょっとすると果てしない系列を自然は必要とした」（VIII 19）のであり、ここで人類史が視野に入ってくる。一七八五年の『J・G・ヘルダー著『人類史の哲学考』についての論評』では、「全体における人類の規定は絶えざる前進であり、その完結は、我々が先慮の意図に従って、我々の努力をそれへと向けねばならない目的についての、単なる、しかしあらゆる意図において非常に有用な理念である」（VIII 65）とある。

第三命題は、人間が本能から自由に理性によって自ら幸福や完全性を達するべきように自然が望んだ、とするが、特に興味深いのは、自然がそれを達成する手段を考察する第四命題である。カントがその手段として挙げるのは、「**対立**（**Antagonism**）」あるいは「人間の非社交的社交性（die ungesellige Geselligkeit）」なのである（VIII 20）。これは、人間が一方で社会を形成しようとしつつ、一方では社会を分裂させようと抵抗する傾向を指す。つまり、人間には社会から孤立し、すべてを自分の意のままにしようとし、それに抵抗する他者に抵抗する傾向もあるとカントは見ている。そして、「この抵抗こそが、まさに、人間の全ての能力を目覚めさせ、人間に怠惰への傾向を克服させるものなのである」（VIII 21）。カントによれば、一般には否定的に捉えられがちな名誉欲、支配欲、所有欲こそが、「粗野から陶冶への最初の第一歩」（*ibid.*）を踏み出させるものである。これを通じて人間の全ての才能が発展し、趣味が形成され、啓蒙が前進し、人倫的区別への粗野な素質は一定の実践的原理に変わり、最終的に社会は「道徳的全体へと変わっていく」（*ibid.*）と、カントは言う。カントは、人間のこうした傾向の否定的側面は認めつつも、それがなければ、「純朴な牧羊生活において、完全な素朴と満足と相互愛の下で、すべての才能は永遠にその芽のうちに隠されたままであっただろう」（*ibid.*）と推測するのである。

カントは、人間のこうした否定的傾向について、自然に感謝すべきだとまで言っているが、これは先ほどの言い換えからすれば、人間にそうした傾向を与えた神の先慮に感謝すべきと言っているに等しい。なにしろ「人間は調和を望む。しかし、自然は人類にとって何が良いことであるかよりよく知っており、不和を望むのである」（*ibid.*）と言った上で、多くの災いがそこから生じることを認めつつ、それらを、自然素質を発展させるものとして「賢明な創造者の配剤」（VIII 22）に帰しているのであるから。[14] ウルリッヒ・L・レーナーはここに「シュペーナー的思想の反響」[15]を見ている。実は一七八二年頃と推定される『ポヴァルスキー道徳哲学講義』では、「我々の内に名誉への衝動を置いた先慮の目的は社会である」（XXVII 221f.）と明言されているのである。第五命題は、自然が人類に課している課題を、「普遍的に法が支配する**市民的社会**の設立」（VIII 22）とする。その下で初めて人間の全素質は完全に発展することが可能だからである。ところが、人間は無制約な自由へ愛着するものなので、この課題の実現には強制が必要となる。そしてカントによれば、この強制を行い、「すべての陶冶と人間性を飾る技芸、最も美しい社会的秩序」（*ibid.*）を可能にするものこそ、人間の非社会性なのである。

第六命題は、そうした社会における支配者の問題なのでここでは論じない。重要なのは第七命題である。「完全な市民的体制を設立するという問題は、合法な**外的国家間関係**という問題に依存し、後者なしには解決されえない」（VIII 24）、つまり今度は国家間関係が視野に入ってくる。国家もやはり放埒な自由を望むような非社交性をもち、こうした自由のもたらす災いが、個人間と同様に、国家間にも究極的に合法的関係をもたらすはずだからである。しかもカントは、こうした国家間の敵対関係として、なんと戦争を挙げている。「それ〔自然〕は戦争を通じて、行き過ぎて静まることの決してない戦争への準備を通じて、それを通じて最終的に全ての国家が平和のうちにおいてすら感じねばならない苦悩を通じて」、最終的には諸国家を「無法な野蛮状態から出て、国家間連合（Völkerbund）へ入らせる」（*ibid.*）のである。カントは、こうした思想を空想的に見えるものとしつつも、「したがって、すべての戦争はその限り、国家間の新たな関係を成立させ、古い形態の破壊か少なくとも解体を通じて新しい形態を打ち立てる（なるほど人間の意図におけるものではないが、自然の意図における）試み」（VIII 24f.）であると明言する。こうして、「内的には市民的体制の最大限可能な配剤によって、外的には共通の条約と立法によって、市民的国家に似た、自動機械のように自身を維持しうる状態が打ち立てられる」（VIII 25）のである。アンドレー・ハーマンは、永遠平和を準備する神的意図を表記するために、カントがその歴史哲学において普遍的先慮の概念を用いていると言う[16]。

このように、戦争を先慮によるいわば必要悪と見る発想は、一七八六年の『人間の歴史の憶測的始元』にも見られる。そこでは、戦争を「最大の災い」とし、さらに軍備そのものが我々を苦しめているとしつつも、「人類が今立っている陶冶の段階では、戦争は、この陶冶をなお前進させる不可欠の手段であり、（それがいつかは神が知っているであろうが）完成した陶冶の後にこそ、永続する平和は我々にとって救いとなり、また前者を通じてのみ可能となるであろう」とすら言われている（VIII 121）。また、一七九五年の『永遠平和のために』にも、「自然が地上のいたるところに人間が住むようにする手段として用いた戦争」（VIII 365）という文言がある。「人間学へのレフレクシオーン」の付録「医学へのレフレクシオーン」では、「大きな〔人口の〕増大をそれによって制限するために、戦争と小児天然痘を（しかも意図的に）望んだように思われる先慮」（*Refl.*1551 XV 972）とまで言われている。こうしたカントの発想と、「ひそかに知に結びついている自然の導き」（VIII 25）という言葉の背後にシュペーナーと同様の先慮論を読み取るのは容易であろう。ちなみに、『人間の歴史の憶測的始元』においてカントは、「人類を非常に、そして（そう思われるように）改善の希望なく抑圧している禍を概算する場合に、世界経過を全体において支配する先慮についての不満足」が感じられることを肯定しつつ、それでも「先慮に満足することは最も重要である」と言う（VIII 120f.）。あるいは「彼〔人間〕は、自分を抑圧する災いのゆえに、先慮にいかなる罪も帰してはならないこと」（VIII 123）とも。カントの神義論的意図は明白である。

　第八命題になると、まさに先慮論に基づくカントの楽観主義が前面に押し出される。「人類の歴史を大枠において、自然の隠された目的の遂行と見なすことが可能である。内的に、そして**この目的のために**やはり外的にも完全な国家体制を、その内でのみ自然が人間性におけるすべての素質を完全に発展させることができる唯一の体制として、成立せしめるための」（VIII 27）。自然の隠された目的を定めるものはすなわち神の先慮に他ならない[17]。そして先慮は歴史を通じて人間の全ての素質を完全に展開させるよう手を打っている、と言うのである。また、カントは『人間学』において、「その種の全体における人類の教育」を「人間は先慮にのみ期待する」とも言う（VII 328）。

だとすれば、オットフリート・ヘッフェの言うように「その救済史的神学の代わりに世俗化された歴史の哲学、歴史経過の自然的説明の追求[18]」がカントの関心事だったとまでは、言えないのではないだろうか？　カントは明らかに、人類史の背後に神による救済史を見ている。

カントは「普遍的な世界市民的状態」への希望を語り、それを「自然が最高の意図としてもつもの」と呼ぶ（VIII 28）。一七九三年の『「それは理論では正しいだろうが、実践では役に立たない」という俗諺について』でもほぼ同様の見解が展開されている。そこでカントは、「人類について先慮はいかなる意図をもつか」（VIII 308）という問いについてのモーゼス・メンデルスゾーン（一七二九―一七八六年）の見解に反対し、「人類は常に、その自然目的としての陶冶に関して前進にあり、その現存在の道徳的目的に関しても、改善への進展において理解され、これはなるほど時に中断されることはあっても、決して打ち切られることはない」（VIII 308f.）という自分の見解を掲げている。これについて、「より良い時代のこの希望」（VIII 309）という言葉をカントが使っているのは注目に値する。さらに、「絶え間ない戦争からの苦悩」こそが諸国家をその意に反して「世界市民的体制に入らしめる」とされているのである（VIII 310）。最終的に、「人間の道徳的な願いと希望のために（人間の無力の意識の下で）、そのために必要な状態を先慮に期待するということは不適切な表現とは見なされえない」（VIII 312）とまでカントは言っている。フリードリッヒ・カウルバッハによれば、「カントの歴史哲学において、未来への展望をも開く希望の原理が定められていることは確実[19]」なのである。第九命題については後で論じる。

三　カント宗教哲学における先慮

カントは一七九四年の『単なる理性の限界内における宗教』（以下『宗教論』）において教会史を論じ、さらに終末論を展開している。まずカントは、人間における悪を予防し、善を促進するには「合わされた力で悪に抗し、恒常的で常に拡大していく、道徳性の維持のみに固定された社会」（VI 94）の設立が必要だとする。こうした社会は「徳の法則に従う、徳の法則のための社会」とも言われるが、全人類をその下に包摂することは「理性によって課題であり義務」となる（*ibid.*）。そうした社会においてのみ善の原理が悪に勝つことが可能となるからである。この社会をカントは、徳の法則が公的である限りで「倫理的・市民的（法的・市民的社会に対して）社会、あるいは倫理的国（ein ethisches gemeines Wesen）」（*ibid.*）と呼ぶ。この国を「（善なる原理の）徳の王国（Reich）」（VI 95）とも呼びうるとしているのは、神学的な言い方に近づけているのであろうが、その理念は人間理性において客観的実在性をもつとされる。

倫理的‐市民的状態にカントは「倫理的自然状態」（*ibid.*）を対置する。カントによれば、「徳義務は全人類に関わるので、倫理的国の概念は常にすべての人間の全体という理念に結びついている」（*ibid.*）のであり、その点で全人類を含まない政治的国の概念から区別される。また、道徳性の維持を目的とする現実の人間の集合も同じ理由で倫理的国そのものではない。

カントは、「倫理的自然状態は徳の原理の公開的な相互的攻撃であり、内的な無道徳状態であるから、そこから、自然的人間は可能な限り早く抜け出すよう努力すべきである」（VI 97）と言う。この抜け出しは「人類の自身にとっての義務」（*ibid.*）である。そして、人類がそれに移行することが義務である倫理的国は、「徳の法則に従う普遍的共和国」（VI 98）とも呼ばれる。ここでカントは、この実現には「より高次の道徳的存在者」（*ibid.*）の理念を前提することが必要であるとする。言うまでもなくこの存在者は神であり、その「執り行い（Veranstaltung）」（*ibid.*）によって、倫理的国への全個人の協力が可能になると考えている。ここにもカントの先慮論的発想を見ることができる。この倫理的国の立法者は、倫理的義務がその命令と見なされねばならず、また人間の心情の内奥を知りうるものでなければならず、かつ内奥の道徳性に応じたものを与えることができなければならない。これは『実践理性批判』の要請論における神の概念規定と同じである（Vgl. V 140）。[20] 結局カントは、この倫理的国を「神的命令の下にある民（Volk）としてのみ、すなわち神の民、しかも徳の法則に従う神の民としてのみ」（VI 99）考えられるとする。つまりカントは、神の民たることを全人類の歴史的義務としているのである。

にもかかわらずカントは、倫理的国の理念を「崇高ではあるが、完全には決して達成しえない」（VI 100）と言い切ってしまう。人間の手ではせいぜいその形式のみを純粋に示す組織が精一杯であり、なぜなら人間本性の感性的制約に制限されざるをえないからである。次にカントは本論文にとって決定的に重要な一文を述べる。「神の道徳的民を創設することは、したがって、その遂行を人間にではなく、神自身のみに期待しうる業（Werk）である」（*ibid.*）。カントはつまり、神の民を創設するのは神であり、その歴史的遂行は先慮によると考えていたわけである。「しかし、だからと言って人間には、この仕事に関して何もせず、先慮に支配を任せることは許されない」（*ibid.*）。人間は自分の道徳的事柄にのみ専心していてはならず、人類の事柄についてより高次の知恵、つまり神の先慮に任せていればいいというわけではないとカントは断言する。むしろ人間は「すべてが自分にかかっているかのようにふるまわなければならない」のであって、それを条件としてのみ「より高次の知恵が人間の善意の努力に完成を授けてくれるのを希望することが許される」のである（VI 101）。この議論と先ほどのシュペーナーの先慮論との類似は明白であろう。

「神的道徳的立法の下での倫理的国とは教会であり、それが可能的経験のいかなる対象でもない限り、見えざる教会と呼ばれる」（*ibid.*）。この見えざる教会は、「神的で直接的な、しかし道徳的な世界支配の下でのすべての誠実な者達の結合の単なる理念」（*ibid.*）と規定されるが、敬虔主義において重要な概念でもある。(21) 見えざる教会の対概念は当然「見える教会」であり、これは「かの理想と一致する全体へ向けた人間の現実的結合」（*ibid.*）と定義されるが、真の見える教会の規定をカントは四つ挙げる。まず普遍性、続いて純粋性、そして自由の原理の下での関係とその構造の不変性である。当然既成の教会は分裂しているから普遍性をもたないので、真の見える教会ではありえない。カントの考えるところでは、「純粋宗教信仰は、唯一普遍的教会を基礎づけうるものである、というのもそれはすべての人が確信するように伝達されうる、単なる理性信仰であるから」(VI 102f.)。『実践理性批判』によれば、純粋理性信仰は「(その理論的使用に関しても実践的使用に関しても)純粋理性のみを、そこからそれが生じる源泉とする」(V 126)ためである。この純粋宗教信仰に対置されるのが、「単に事実にのみ基づく歴史的信仰」(VI 103)であり、こちらは情報の届く範囲までしか及ばず、純粋宗教信仰のような普遍性をもちえない。

カントはこの純粋宗教信仰の内容を次のように総括する。「道徳的に善き生活様式への確固たる熱意こそ、神が人間に、その王国の神のみ心にかなう臣下であるために求めるすべてである」(*ibid.*)。つまり、自分自身と他者という人間に対する義務を果たすことが、神の命令を果たすことに他ならないという信仰である。ただし、カントはこの信仰がたやすく人間を確信させられるとは思っていない。本来神に対して人間が働きかけることはできないのだが、あたかも臣下が世俗の主人に対して崇敬し、屈従の表明によって称賛するかのように神に仕えうるがごとく、人間は錯覚しがちなので、「人間のでなく神の事柄を為すこととして義務を同時に神的命令である限りにおいて、扱うならば」そこに「純粋道徳的宗教の概念の代わりに礼拝的宗教の概念」が生じる(*ibid.*)。

カントは「神がいかにして崇敬され(そして従属され)たいのか」(VI 104)という問いを立て、神による律法を「それ自体として単に規約的な(statutarisch)律法かあるいは純粋道徳的な律法」(*ibid.*)に分ける。後者に関しては全ての人間が自身の理性のみによって神の意志を認識しうるのであり、それゆえ一人の神しか考えられず、当然純粋な道徳的宗教も一つしかない。それに対し規約的な律法の知識は、「啓示によってのみ可能」なのであり、これは伝統や書物によってのみ知られるので、そこで可能なのは「歴史的信仰」になる(*ibid.*)。カントは、「それによって神の意志が根源的に我々の心に書き込まれている純粋な道徳的律法」こそが真の宗教の条件であり、規約的律法は「その促進と普及の手段」を含むにすぎないとしている(*ibid.*)。

ただしカントは、歴史的信仰を無用のものとは考えていない。なぜなら、「神が(神の教区としての)教会においていかに崇敬されたいかという問い」(VI 105)には、理性だけでは答えられず、規約的で、したがって啓示によってのみ知られうる律法が必要となるからである。その限り「純粋宗教信仰に対して教会信仰と呼ばれうる歴史的信仰」（*ibid.*）もまた必要であろうとカントは言う。一七九八年の『諸学部の争い』では、聖書の存在を「自然の働きであり、先慮の普遍的な歩みにおける進行する道徳的陶冶の結果」（VII 64）と見ているほどである。「それ自体偶然的で多様な、神的規約的律法なしには義務として認識されえない、経験的制約に基づいたある教会的形式」（VI 105）すらカントは認める。もっとも、それをただちに神的律法と認めているわけではなく、倫理的国という理性理念を追求することが神的意志である限りで、さまざまな形式を試行錯誤すべきであるとはしているが。カントは教会形式の改善をシュペーナー同様に義務であるとまで言う。したがって、「何らかの教会の設立と形式のために、律法をまさに神的に規約的であると見なす理由はない」（*ibid.*）のであって、カントによれば、改善を否定する教会形式の固定はむしろ不遜であり、より高次の、つまり神の名声の簒奪である。

この礼拝的宗教は、「（人間が純粋道徳的宗教の命令によって常にとるであろう）最善の生活様式を超えてなお、理性によっては認識不可能で、啓示を必要とする神的立法が付け加わらねばならず、それによって直接に最高存在者への崇敬を（理性によって既に我々に命じられた彼の命令の遵守を介さず）目指す」（VI 106）ものである。カントによれば、この宗教は、教会の統合や道徳的なものの促進の障害となる。それでも歴史的には、「教会信仰が、人間の倫理的国への説得において、当然のように、純粋宗教信仰に先行する」（*ibid.*）と、カントは見る。「寺院（Tempel）（公的な礼拝に聖別された建造物）が教会（道徳的心情の教えと活性化のための集合場所）より先であったし、僧侶（Priester）（敬虔な建造物の叙階された管理者）が聖職者（Geistliche）（道徳的宗教の教師）より先だった」（*ibid.*）。カントによれば、規約的教会信仰は、純粋宗教信仰を促進するための「乗り物であり人間達の集合の手段」（*ibid.*）にすぎないのであるが。

この前提に立ってカントは以下のように未来を描き出す。それを物語るのは何より第七節の表題であろう。「教会信仰の純粋宗教信仰の唯一支配への漸次的移行は神の国の接近である」（VI 115）。もちろんこの言葉は、『新約聖書』におけるイエスの言葉「神の国は近づいた」（『マルコによる福音書』一・15）に基づくものである。カントは、神の国の到来を、「後者〔宗教〕が最終的に全ての経験的規定根拠から、歴史に基づき、教会信仰を介して暫定的に善の促進のために人々を結合させている全ての規約から徐々に解放され、純粋理性宗教が最終的に一切を支配すること」とし、それを『コリントの信徒への手紙Ⅰ』十五・28から引用して、「神が全てのうちで全てとなるため」と表現する（VI 121）。カントはそれを人間における自然的、道徳的素質の必然の帰結であると言う。

カントは、純粋理性宗教の単独支配の状態を次のように描き出す。「俗人と聖職者の品位を汚すような区別は消滅し、真の自由からの平等が生じ、しかしそれでも、おのおのが自分自身に規定する（規約的でない）律法に従うゆえに、無政府状態ではない」（VI 122）。言うまでもなく、各々が自分に規定する律法とは、自律的道徳法則のことである。ここでカントが、この律法を「理性によって人に啓示された世界支配者の意志として見なさざるをえない」（*ibid.*）としているのは注目に値するであろう。この意志は、すべての人間を見えない仕方で共通の統治の下、一つの国家に結合し、カントは、この国家を「地上における（神的な）倫理的国家」（*ibid.*）とも呼んでいる。ただし、その設立は無限にカントの時代からは遠いとされる。終末を遠い未来とするのはシュペーナーと同じである。それでもカントは、教会信仰から純粋宗教信仰への、すなわち神の国への移行の原理が公的に根付いただけでも、「神の国が我々のところに来た」（『マタイによる福音書』十二・28）と言いうるとするのである。

人間の自然的素質の内には、真と善への洞察が含まれ、「その広がりに次々降りかかる政治的市民的原因による妨害もむしろ、善（心がそれを一度捉えた後では決して心の思想を去らないもの）への心の結合をそれだけますます密接なものとするのに役立つ」（VI 123）と、カントは言う。妨害でさえ貢献するという点にカントの先慮論を見ることができよう。何しろカントは、この展開を、「人類においてみずからに徳の法則に従う国として権力と王国をうち建てる善き原理の、人間の目には気づかれないが、常に前進していく働き」（VI 124）と呼んでいるのであるから。これは人類に神の国をもたらす先慮の働きに他ならない。善き原理は悪に勝利し、その世界支配の下で「永遠平和が確保される」（*ibid.*）のであり、カントの歴史哲学に見る永遠平和論と宗教論の連関がここに見られる。実際『永遠平和のために』においてカントは、永遠平和を保証するものとして、「偉大な芸術家である自然」と「我々に知られざる原因に従うその作用法則の強制として運命と、しかしその世界の経過における合目的性を考慮に入れれば、より高次の、人類の客観的最終目的へと向けられ、この世界過程を先行して決定する原因の深く隠れた知恵として先慮と呼ばれる」ものを挙げているのである[22]（VIII 361）。もっとも、人間の認識論的限界から、先慮よりも「自然という言葉の使用」（VIII 362）をより適切としてはいるが[23]。つまりシュペーナー同様、カントも「その〔先慮の〕究めようのない意図の神秘に接近すること」（*ibid.*）は人間にとって越権だと考えつつ、先慮について予測的に語っているのである。

結語　カントの目的

さて、先ほど先送っておいた『世界市民的見地における普遍史の理念』の第九命題は以下の通りである。「人類における完全な市民的結合を目指す自然の計画に従って普遍史を構築しようとする哲学的試みは、可能でありかつそれ自身この自然の意図にとって促進的であると見なされねばならない」（VIII 29）。カントは要するに、自分がこの論文を書くこと自体が自然の意図、つまり先慮の実現にとって促進的と考えているわけである[24]。『永遠平和のために』における秘密条項、「公的平和の可能性の条件についての哲学者の格律は、戦争に向けて装備している諸国家によって忠告として参照されるべきである」（VIII 368）も、みずからの格律を先慮の実現を図る手段とする点で同様の意図をもつであろう。先ほど『宗教論』においてカントが、神の国の創設を先慮に帰しながらも、先慮に全てを任せきるのではなく、人間は全てが自分にかかっているかのようにふるまわなければならないと述べていたのを見たが、そもそも『宗教論』の執筆そのものが、道徳的な純粋宗教信仰をキリスト教の中に位置づけることで[25]、この先慮の実現の促進を図ろうとしたカントなりの努力と言えるのではないだろうか？　カントは、先慮の導く未来を純粋理性宗教の単独支配としての神の国の到来として描き出し、その実現への努力を読者に求め、またその最終的な実現の保証によりさらに読者をそのための努力へと勇気づけることで、その実現に貢献しようとしているのである。まさにシュペーナーが「より良い未来への希望」を説くことで教会改革のためにしようとしたように。(26) 実は『敬虔ナル願望』では具体的な教会改革の提案が挙げられており、『永遠平和のために』や『啓蒙とは何か』におけるカントの提言と執筆方針が一致している。先述したガイスマンでさえ、カントの歴史哲学と宗教哲学がともに、「希望」という点で一致することを認めているのである。(27)

だとすれば、『実践理性批判』の目的に「純粋で実践的な理性信仰」（V 146）の客観的実践的必然性を示すことが(28)ある以上、カントが批判哲学で目指したものの一つには、シュペーナーと同じく、先慮の描く未来の実現の促進に貢献することがあった、と言ってよいのではないだろうか。この観点から見れば、『純粋理性批判』も、人間の認識能力の構造と限界を明確化することで形而上学的神学を否定しつつ、道徳的神学の位置を確保しようとしたものと読むことができる。(29) まさにその第二版の序文にある有名な文章、「よって私は信仰のために場所を得るために、知を破棄しなければならなかった」（B XXX）にある通りに。ここで言うカントの信仰は、人類を導く神の先慮への信仰とそれがもたらす神の国への希望を含んでいるのである。(30)

註

（1）本論文中、傍点は原文ゲシュペルト。太字は原文太字。

（2）カント研究会編『現代カント研究9——近代からの問いかけ——』晃洋書房、二〇〇四年、一〇五—一二九頁。

（3）山下和也『カントと敬虔主義 ——カント哲学とシュペーナー神学の比較——』晃洋書房、二〇一六年、二八六頁以下を参照。

（4）Georg Geismann: *Kant und kein Ende.* Band 1, *Studien zur Moral-, Religions- und Geschichtsphilosophie*, Verlag Königshausen & Neumann, Würzburg, 2009, S.87.

（5）マティアス・ヘシュは言う、「歴史の理性的経過と人類の道徳的前進の可能性、神的先慮と地上的神の国への問いは、カントの思考を貫いている、まだなお過小評価された仕方で」。Matthias Hoesch: *Vernunft und Vorsehung: Säkularisierte Eschatologie in Kants Religions - und Geschichtsphilosophie*（Quellen und Studien zur Philosophie）, Walter de Gruyter, Berlin/Boston, 2014, S. 46.

（6）Jacob und Wilhelm Grimm: *Deutsches Wörterbuch*, Bd.26., Deutscher Taschenbuch Verlag, München, 1984, S. 1548.

（7）Philipp Jakob Spener: Eigenhändiger Lebenslauf, in: Kurt Aland (Hrsg.) : *Die Werke Philipp Jakob Speners*. Studienausgabe, B.I: Die Grundschriften Teil I, Brunnen Verlag, Gießen, 1996, S. 36. Providenz とVorsehung は同義に用いられる。

（8）Philipp Jakob Spener: Pia Desideria, in: Kurt Aland（Hrsg.）: *Die Werke Philipp Jakob Speners*. Studienausgabe, B.I: Die Grundschriften Teil I, Brunnen Verlag, Gießen, 1996. 以下PDと略記。

（9）岡崎勝世によれば、かのアイザック・ニュートン（一六四二―一七二七年）でさえ、人類の終末を二〇一五年、つまりニュートンの時代から約四〇〇年後と考えていた。岡崎勝世『聖書VS.世界史　キリスト教的歴史観とは何か』講談社、一九九六年、一七〇頁を参照。

（10）ヨハネス・ヴァルマン『ドイツ敬虔主義　宗教改革の再生を求めた人々』梅田興四男訳、日本キリスト教団出版局、二〇一二年、八一頁。

（11）Wolfgang M. Schröder: „Freiheit im Großen ist nichts als Natur. Kants Idee einer allgemaeinen Geschichte in weltbürgerlicher Absicht. Einleitung und Erster und Zweiter Satz" in: Otfried Höffe（Hrsg）: *Schriften zur Geschichtsphilosophie*, Akademie Verlag, Berlin, 2011, S.14.

（12）また、「先慮とは実体の状態を神的意志に適ったものとする働きである」（*Refl.*8083 XIX 627）とも。

（13）Massimo Mori: „Aufklärung und Kritizismus in Kants Geschichtsphilosophie", in: *Aufklärung* Vol. 5, No. 1, Die deutsche Aufklärung im Spiegel der neueren italienischen Forschung, 1991, S. 101.

（14）「法哲学へのレフレクシオーン」では、「先慮の目的が必ずしも人間の目的である必要がないことは、愛が子供よりはより両親に向かうべきであるのに、自然が逆に作用することから見て取れる」（*Refl.*7592 XIX 464）とも言われている。

（15）Ulrich L. Lehner: *Kants Vorsehungskonzept auf dem Hintergrund der Deutschen Schulphilosophie und -theologie*（Brill's Studies in Intellectual History, Vol. 149）, Brill, Leiden/Boston, 2007, S.346.

（16）Vgl. Andree Hahmann: „Kants kritische Konzeption der Vorsehung im Kontext der Diskussion des höchsten Gutes" in: *Archiv für Begriffsgeschichte* Vol. 58, 2016, S. 129.

(17) 実際、後に見るようにカントは『永遠平和のために』でも、先慮と自然を等置している。パウリン・クラインゲルトは、道徳的観点から世界における秩序の原因としての神に関する場合は先慮、現象領域における体系的統一を扱う場合は自然と、カントが強調点によって使い分けていると見る。Vgl. Pauline Kleingeld: "Nature or Providence? On the Theoretical and Moral Importance of Kant's Philosophy of History" in: *American Catholic Philosophical Quarterly* Volume 75, Issue 2, Spring 2001, p. 212.

(18) Otfried Höffe (Hrsg.): *Schriften zur Geschichtsphilosophie*, Akademie Verlag, Berlin, 2011, S. 3.

(19) Friedrich Kaulbach: „Welchen Nutzen gibt Kant der Geschichtsphilosophie?" in: *Kant-Studien* 66, 1975, S.77.

(20) ただし、カントの中では先慮論の神の方が要請論による神概念より古く、より基礎にあると考えられる。

(21) 「見えざる教会」については、拙著『カントと敬虔主義』二七一頁以下を参照。

(22) 「原理的に宗教史と政治史は疑いもなく類似の構造を示す」(Hoesch, a.a.O., S. 343)。どちらも進歩として理解され、理想状態に終わり、先慮に下支えされるのである。

(23) 原注でカントは「(神的)先慮一般」(VIII 361Anm.)という表現を用い、さらに先慮の分類まで行っている。この意味で、寺田俊郎が『永遠平和のために』においては神についてまったく論じられていないと言うのは不適当である。寺田俊郎『どうすれば戦争はなくなるのか　カント『永遠平和のために』を読み直す(いま読む!名著)』現代書館、二〇一九年、一四一頁を参照。

(24) カウルバッハの言うように、カントは自分の歴史記述が「そこにおいて定式化されている〝自然意図〟の実現にとって〝促進的〟と見なされねばならないであろう」としている。Kaulbach, a.a.O., S. 75. また、ジェネヴィエーブ・ロイドはカントの「自己成就的楽観主義」について語っている。"Providence as progress: Kant's variations on a tale of origins" in: Amélie Oksenberg Rorty and James Schmidt: *Kant's Idea for a Universal History with a Cosmopolitan Aim*, Cambridge University Press, New York, 2009, S. 209.

(25) 『宗教論』第二版の序文では、「啓示が、なおやはり純粋な理性宗教をそれ自身の内に少なくとも含みうること」(VI 12)を『宗教論』のフルタイトルが示しているとする。また、一七九三年のカール・フリードリッヒ・シュトイトリン宛の手紙で、『宗教論』の執筆動機を「後者〔キリスト教的宗教〕と最も純粋な実践的理性との可能的一致を洞察したと私がいかに信じたかを明らかに提示すること」(XI 429)と語っている。

(26)『諸学部の争い』においてシュペーナーの神学に言及し(VII 54)、敬虔主義者の両親の下で育ち、敬虔主義の学校であるフリードリッヒ学院に学んだカントが『敬虔ナル願望』を読んでいた蓋然性はかなり高いのだが、残念ながらその明確な証拠はない。

(27) Geismann, a.a.O.,S.117f.

(28)「カントの実践哲学は、全体として、実践理性とよばれる理性の使用によって、この道徳的信仰を保証し、それを体系化する試みなのである」(宇都宮芳明『カントの啓蒙精神　人類の啓蒙と永遠平和にむけて』岩波書店、二〇〇六年、一七七頁)。

(29)「超越論的方法論」の「純粋理性の規準(Canon)」で、「道徳的信仰」(A 828/B 856)について論じられている。

(30) ホエル・ティアゴ・クラインの言う通り、カントにおいて、信仰の概念と希望の概念は非常に近くにある。Vgl. Joel Thiago Klein: "Die Weltgeschichte im Kontext der Kritik der Urteilskraft" in: *Kant-Studien* 104(2), 2013, S. 212. 『純粋理性批判』の「純粋理性の規準」においてカントが掲げた問いも「私は何を希望することが許されるか?」(A 805/B 833)であった。

Ⅵ　二人の弟子
——「ア・プリオリ」をめぐって——

山根雄一郎

本稿は、カントの最晩年に二人の弟子が師の主著の解釈をめぐって応酬を展開した事実に着目し、両者が「ア・プリオリ」の概念について示した理解の差異の狭間に、「批判哲学がめざしたもの」を見出すことを試みるものである。以下では、まず件の応酬を取り上げる意義を確認し、次いで両者による師の「ア・プリオリ」概念の批判と擁護について検討し、同概念の理解の行方に「批判哲学がめざしたもの」の在処もまた存していたことを見定める。

一　二人の弟子——ヘルダーとキーゼヴェッター

ヘルダー Johann Gottfried Herder（一七四四—一八〇三年）が、一七六二年から翌々年にかけて、「青年 Jüngling［］」私講師カントの講義を学生として熱心に聴講し、八〇年代に自著『人類史の哲学の構想 *Ideen zur Philosophie der Geschichte der Menschheit*』に対してカントが匿名で辛辣な書評を公表したのを機に旧師と敵対するに至った後も、一七九五年に刊行した『人間性の促進についての書簡 *Briefe zu Beförderung der Humanität*』の第六集（第七九書簡）[1]では、なお往時を回顧して、「私が満腔の謝意と敬意を込めてその名を呼ぶ人物こそイマヌエル・カントである」（FHA 7, 424f. 引用中の傍点は原文の強調を示す。以下同様）と述べた事実は、よく知られている。ヘルダーは、学業を卒えてケーニヒスベルクを離れて以後、カントと生涯相見えることはなかったが、自分がその教え子であることに格別の思い入れを持ち続けていた、ともみられるであろう。

ヘルダーがカントの教師生活（一七五五―九六年）の比較的初期の教え子であるのに対し、キーゼヴェッター Johann Gottfried Christian Kiesewetter（一七六六―一八一九年）はカントが晩年に差し掛かる時期の教え子と言える。(2) プロイセン王の給費により派遣された彼は、一七八八／八九年冬学期および八九年夏学期にカントの講筵に列し、師の信頼を得て『判断力批判』（以下では第三批判と記す。他の批判書も同様）への「第一序論」の浄書稿を作成し、ベルリン帰還後は同書の手書き原稿の印刷に向けた校正を任され、九〇年春の同書刊行後には、六月にハレで学位を取得、秋にはケーニヒスベルクに三ヶ月滞在し、再び師の謦咳に接したのだった。(3)

一見、カント学徒中の超エリートさながらであるが、翌九一年にキーゼヴェッターが書肆ドゥ・ラ・ガルドより上梓した『純粋一般論理学綱要――カントの諸原則に基づく』をめぐり、師弟関係はにわかに緊張した。カントが、「キーゼヴェッターは自分の講義から盗用しており、いずれにせよ公刊の件を（前年にケーニヒスベルクの自分を直接訪ねてきたにもかかわらず）自分には伏せたままにしていた、と思い込んだ」(4)からであった。

これに対しキーゼヴェッターは七月三日付で師に長尺の手紙を書いて釈明したが、(5)師弟間の文通は、おそらくは本件を契機として暫時、中断した。交流の再開は書肆ニコロヴィウスを介して自著『宗教論』を送ったカントの側からとみられること（一七九三年六月一五日付カント宛キーゼヴェッター書簡〔XI 436〕による）に加え、カントがやはり教え子で友人のヒッペルによる自分の講義の「剽窃」に対して示した宥和的態度(6)に照らしても、カントがキーゼヴェッターによる右の釈明を同じく諒とした可能性は低くないと考えられる。キーゼヴェッターのほうも、同書簡末尾で「自分の病気」〔XI 437〕に言及するあたり、師への筆が遠のいた理由(7)を辻褄合わせ気味に仄めかしながら、師からの婉曲な和解提案に歩み寄るかのようでもある。ともあれ、当面注意したいのは、キーゼヴェッターによるカント哲学の祖述が、「盗用」を疑われるほどに師の思想内容と瓜二つと言い得る水準にある、とみられることである。

カントとキーゼヴェッターとの間の確執に先立つ八〇年代に、ヘルダーが自著『人類史の哲学の構想』のアイディアをカントの論考「世界市民的見地における普遍史の構想」に盗用されたと思い込み、ハーマン（一七三〇―八八年）

に怒りを伝えた事実もまた、よく知られている。[8] 極めて興味深いのは、そのヘルダーが、一七九九年（の四月末。Vgl. FHA 8. 1066〔Irmscher〕）に至って旧師の主著（第二版）に対する論争書『純粋理性批判の再批判《メタクリティーク》 *Eine Metakritik zur Kritik der reinen Vernunft*』全二部（以下『再批判』と略記。第一部「悟性と経験」、第二部「理性と言語」）を公刊するや、これに対抗するべくカントの陣営の側から刊行された雑文集『再批判の侵害の件についての若干の事柄。ならびに、以前になされた再批判――北方の博士ことヨハン・ゲオルク・ハーマンによる――の断片と、カント哲学に関する二、三の論説』[9] において、ハーマンの遺稿「理性の純粋主義についての再批判 *Metacritik über den Purismum der Vernunft*」との文言上の「類似」を問題視され、[10]「一八〇〇年、この〔ルター派〕ヴァイマル管区総監督は剽窃の廉で咎められた」[11] ことである。確かにヘルダーはハーマンによるこの第一批判（初版）への再批判の成立に「早くから関与していて、すぐに（一七八四年九月一五日に）その写しを入手した」[12]。ヘルダーの哲学に造詣の深い現代ドイツの研究者マリオン・ハインツは、一連の経過から「明らかに、ヘルダーはハーマンによる再批判から学んだのであって盗用したのではない」[12] と評するが、この判定の当否は本稿の関心事ではない。[13]

　むしろ本稿が注目したいのは、図らずも揃って剽窃を疑われた新旧のカントの教え子が、師の最晩年に、しかも師の主著をめぐって対峙した構図、すなわち、刊行直後にドイツ語圏を超えて反響を呼びもしたヘルダーの『再批判』[14] に対して、あのキーゼヴェッターが間髪を入れずに論駁書『純粋理性批判』へのヘルダーの再批判の吟味〔…〕』（以下では『吟味』と略記）[15] を著した事実である。この構図を起点として、「批判期の思索の全体を牽引する」「枢軸概念」である「ア・プリオリ」（以下、批判的な「ア・プリオリ」と略記）の概念をめぐる[16]『再批判』におけるヘルダーの理解に対するキーゼヴェッターの『吟味』での応接を検討することにより、言わばこの概念に体現される批判哲学の精神を、同時代の対抗思想の一つを鏡として改めて見届けたい、というのが本稿の当面の趣旨である。

　この場合、そもそもキーゼヴェッターによるカント哲学の祖述の信憑性をめぐって疑念が提起され得る。これに対する回答は先述したところからおのずと明らかであろうが、何より『吟味』を献本されたカント自身が一八〇〇年七月八日付で、「他ならぬこの贈り物、つまり（あなたの頭脳と心胸にとってこれは等しく名誉なことですが、）今や二巻となった、ヘルダーの『再批判』の論駁という贈り物のおかげで、かつて私たちが、真かつ善であって二人にとって永遠である事柄に携わりながら一緒に享受した愉快な日々が、私のうちに甦ります」と、この弟子の仕事の出来栄えについて本人に満足の意を伝えた事実があり（XII 315）、さらに、「カント哲学の家元 kanonische[r] Repräsentant」としてのキーゼヴェッターの忠実度については、これを揶揄しつつも兜を脱いでみせる評価が早くも一九世紀前半に見られることからも、件の信憑性は裏付けられ得ると考えられる。(17)(18)

また、『再批判』の比較対象として第一批判をあえて迂回しむしろ『吟味』に着目するのは、『再批判』と第一批判とを直接対照するアプローチは古くから存在することにもよる。(19)本稿は、これとは別に、著述活動をほぼ終えた老カント自身が公認したと言ってもよい祖述である『吟味』を手掛かりとして、批判的な「ア・プリオリ」の位置価を、言わば回顧的に見定めようと試みるものであることを、付言しておく。

二　カントの「ア・プリオリ」の概念に対するヘルダーの見方

『再批判』におけるヘルダーの「ア・プリオリ」の理解は、一見したところ順当にも、第一批判の序論 Einleitung における同概念の周知の規定、すなわち「端的に一切の経験に依存しない」こと（vgl. B2f.）を念頭に、当該箇所と同じく「純粋認識と経験的認識の区別について」と題する一節中で、示される。ただし、そこに至る行論の脚注で、カントが「自分の批判の仕事全体」（V 170）の完結を謳う第三批判（！）と同時に刊行したヴォルフ派論駁書である『純粋理性の一切の新しい批判は以前になされた批判によって無用とされるはずだ、との発見に関して』（以下『駁論』と略記）の書誌に触れられる事実に注意しておきたい。かの事実は、第一批判を標的とする『再批判』が、とはいえ批判哲学の峨々たる山容を振り返って一望し得る地点において成立したことを告げるものだからである。

「ライプニッツの哲学は理性批判なるものもまた近年の〔カントによる〕理性批判も含む」というヴォルフ派学徒エーバーハルトのスローガンを復唱してからヘルダーは言う、

理性と批判が存在する限り、理性は自己を批判するであろうし、あらゆる理性批判は批判されることを甘受しなければならない。理性の請求書が正しかったのなら、なぜ理性は改めて検算されることを恐れるのか。

しかし、ライプニッツも掲げた他ならぬこの問い〔後述〕が、「経験に依存せず、感能の一切の印象にすら依存しない認識が存在するか否か」と表現されると言われ、このような諸認識が、「それらは端的に一切の経験に依存せずに生じ、それらには経験的なものは何ら混合されていない」という規定でもってア・プリオリと称されるならば、この〔カントの定式化した〕問いは、かの〔ライプニッツの〕問いにはなかった或るものを含んでいる。かしこ〔すなわちライプニッツの問い〕では、感性的諸印象が諸認識を誘発すること、つまり、ライプニッツが言うように、外的な諸対象が諸概念を呼び覚ますこと、従って、こうした諸認識と諸概念は、仮にそれらが十乗の強度で現象するとしても、感能の一切の印象や先行する一切の経験に全く依存しないことはないこと、これらのことは容認された。ところが、ここ〔すなわちカントの問い〕では、このような諸認識と諸概念は端的にそうなのだ〔つまり感能の一切の印象や先行する一切の経験に全く依存しない〕とされ、かつそうである場合に限ってア・プリオリと称されるのだという。(FHA 8, 323f.)

引用冒頭の「ライプニッツも掲げた他ならぬこの問い」とは、『駁論』への言及に先立って『人間知性新論』序文から抜き出された、ロック批判を意図した次の文言を指す。

魂それ自体は何も書かれていない板であるのか、そしてそこに記されているものは感能と経験にのみ由来するのか。或いは魂それ自体が根源的に、多くの概念や教説の諸原理を含んでおり、それらを外的諸対象が経験においてもっぱら呼び覚ますとされるのか。一切の真理は経験に依存するのか、或いは〔経験とは〕別の基礎をもつ真理が存在するのか。[20]（FHA 8, 323）

すなわち、ヘルダーは、「一切の真理」すなわち（真なる）認識は「経験に依存するのか、或いは〔経験とは〕別の基礎をもつ」（真なる）認識が存在するのかという、周知のようにライプニッツ自身は後者を支持することになる問いを、カントが「経験に依存せず、感能の一切の印象にすら依存しない認識が存在するか否か」と問い直したのだと見る。明らかに、カントの「ア・プリオリ」概念へのヘルダーの視線は、ライプニッツの「生得観念」へのそれの延長線上にある。ヘルダーに言わせれば、「ア・プリオリという語は、普通の用法 gemeine[r] Gebrauch では、次に来る何かにのみ関係づけられる」が、「自己自身に依存せずによくやっていくこと、言い換えれば、根源的で内的かつ外的な一切の経験[21]から出て行くこと、一切の経験的なものから自由に・自己自身を越えて自己の先を思考すること über sich selbst sich *hinaus zu denken*、これらのことは誰にもできない」以上、「ア・プリオリという語は、人間の携わる学問においては、数学においてさえ、〔「感能の一切の印象や先行する一切の経験に全く依存しない」といった類いの〕厳密さを伴うことはない」とされ、（ヘルダーの理解する）カントによる「ア・プリオリ」の位置づけに対して、否定的な見方が示される（FHA 8, 324f.）。

ヘルダー本人は、「ア・プリオリという語」の「普通の話法 gemeine[r] Redeausdruck」を、『再批判』第二部において、ヒュームによって「平明に書かれた試論 popular geschriebene[] Versuche[]」のうちに見出している[22]。それによれば、「ヒュームにとってア・プリオリとは、自分が経験から初めて学ぶのでなく自分自身により諸根拠から認識するもの以外の何ものでもない。しかし自分の諸根拠がやはり経験に即して遥か以前に原則となったのではないかどうか、この点を彼は終始、慮外に置き続けた」（FHA 8, 608）[23]。

「ロックやヒュームに影響を受け」、「認識は、カントの言うように経験とともに始まるだけでなく、カントの見解とは正反対に完全に経験からつくり出されたのでもあると確信」し、「それゆえ空間・時間・カテゴリーが〔…〕経験に依存しないということはなく、従って〔カントの言う意味で〕ア・プリオリに与えられてはいない」と見る、フェーダー Johann Georg Heinrich Feder（一七四〇―一八二一年）やゼレ Christian Gottlieb Selle（一七四八―一八〇〇年）のような当代の「ドイツの新経験論者たち Neo-Empiristen」の流儀に、ヘルダーは親近的だったとも指摘される[24]。とすれば、彼が、カントによる（とヘルダー自身が理解する）「ア・プリオリ」の性格描写――すなわち「端的に一切の経験に依存せずに生じ〔…〕経験的なものは何ら混合されていない」（FHA 8. 324）――を、むしろ「生得観念」のそれ――すなわち「魂それ自体が根源的に《もともと》、〔従って「感能の一切の印象や先行する一切の経験に全く依存しない」（同）仕方で、〕多くの概念や教説の諸原理を含む」（FHA 8. 323）とされる限りでの[20]――に引き付ける仕方でその「再版[25]」として把握し[26]、経験論的立場からの「ア・プリオリ」理解に基づいて、カントが主張する意味での「ア・プリオリ」はあり得ないとする態度をとったとしても、何ら不自然ではないと考えられる。

三　ヘルダーによるカントの「ア・プリオリ」批判の核心
――「生得的」の概念に対するヘルダーの態度から

とはいえ、批判的な「ア・プリオリ」の概念が既存の「生得的」の概念と同じでないことは、カント自身が強調する事柄である[27]。とすれば、前節に見たように、旧師の説く「ア・プリオリ」の或る契機に関して、従来の「生得観念」における「生得的」の内容との連続性を見て取るヘルダーは、その一方で、カントが批判的な「ア・プリオリ」の概念によって対質した伝統的な「生得的」の概念の、〔カント自身にとっての〕肝心の核心的契機についてはこれを看過していた、とも考えられる。本節では、『再批判』で反カントの立場をとるヘルダーの「形而上学の端緒が〔、そこで〕展開される[28]」とみられる『神――幾つかの会話』（一七八七年五月刊。以下では『神』と略記[29]）に即して、この点を検証する。

かつて話題にした[27]ので詳細を省くが、批判哲学が対峙した伝統的な「生得的」の概念の核心的契機とは、〈神による賦与〉ということに他ならず、それは動詞「植え付ける einpflanzen」（その主語として「神」が含意される）およびその派生形である「植え付けられた eingepflanzt」という語に託されてきた。ヘルダーの『神』について見れば、「植え付けられた」という形容句の使用は管見の限り七件[30]あり、果して「植え付け」の主体として念頭に置かれているのはいずれの場合にも「神」である。このうちカントを標的とするとみられる次の用例は、ヘルダーによるカント理解の水準を伝える点で注目に値する。

すなわち、ヘルダーは、対話体の文中で、「思考力 Denkkraft[31]の植え付けられてある諸形式——これらは思考力に対して誰によって植え付けられたのでもない——に従う、一切の経験を欠きこれに先行する例の人間認識だの、対象についての一切の感性的感覚を欠きこれに先行する例の感性的直観だのは、誰であれ理性的な思索家にとってやはりそうであるに違いないように、彼〔メンデルスゾーン〕にとって何物でもなかった」（FHA 4, 750）と、対話者の一人に語らせる。ここでの「諸形式」が、全集編者の註するように「空間時間というア・プリオリに与えられた直観形式と、カテゴリーという思考形式」（FHA 4, 1396〔Bollacher〕）を意味するにしても、実のところ第一批判以降のカントがそうした「諸形式」を「植え付けられた」と形容することはない。むしろ、空間・時間・（後年の）カテゴリーそれぞれの位置価を「植え付けられた」という表現に結びつけて説明することに関する限り、ここでのヘルダーの語用は、第一批判に一一年先立つ正教授職就任論文におけるカントのそれ[32]と親近的ですらある。（このことは、指摘されるようにヘルダーのカント理解が批判期前の師の哲学に定位し続けたとみられることと[33]、かえって整合的と言えるかもしれない。）

それは措くとして、本稿の当面の関心から注意を惹くのは、「思考力に対して誰によって植え付けられたのでもない、思考力の植え付けられてある諸形式」という冒頭である。というのも、「諸形式」が「〔α〕誰によって植え付けられたのでもない」がそれでも「〔β〕植え付けられている」というこの逆説的な表現は、カントの「ア・プリオリ」を伝統的な「生得的」の概念の同類（β）と見なしつつも、しかしそこでは〈神による植え付け〉という当然あるべき含意が葬り去られている（α）ゆえにこれを容認できないとする、批判的な「ア・プリオリ」の概念に対するヘルダーの評価が現れている、と解されるからである。

右のように見通される筋道を辿って、ヘルダーは批判的な「ア・プリオリ」概念が〈神による植え付け〉と無縁であることを嗅ぎ取ったとすれば、その限りで彼の哲学的嗅覚は鋭い。しかし見逃してならないのは、このとき同時に、ヘルダー自身は、カントが反対する伝統的な「生得的」の概念の核心的契機を肯定し、まさにそのことによって、この古色蒼然たる概念を墨守する側につく（そしてこの点で、この概念を「批判」の営みの中で逆に刷新したと解されるカントと対照をなす）ことが、鮮明に浮かび上がる点である。

そうであってみれば、前節に見たように、『再批判』のヘルダーが、「端的に一切の経験に依存せずに生じ〔…〕経験的なものは何ら混合されていない」（FHA 8, 324）と彼が把握するカントの「ア・プリオリ」に注目して、これを「生得観念」と変わらないと判定するにしても、このことは、「生得観念」の否定的評価を含意するものではないし、ましてや「生得的」の概念それ自体への攻撃なのでは全然ない。ヒューム流の「ア・プリオリ」把握を参照しつつカントのそれを批判するヘルダーの見るところ、カントもまた「ア・プリオリ」概念を位置づけるにあたっては、「感性的諸印象が諸認識を誘発すること、つまり、ライプニッツが言うように、外的な諸対象が諸概念を呼び覚ますこと」を「容認する」（FHA 8, 324; vgl. B1）かのようであるが、それならばやはり、「こうした諸認識と諸概念が〔…〕感能の一切の印象や先行する一切の経験に全く依存しないことはない」（FHA 8, 324）ことになり、批判的な「ア・プリオリ」の位置価は、「顕現のための機縁を感能が与えるのでなければならない点で感能に依存せずにいない[34]」既存の「生得観念」のそれと異なるところはないから、カント流の「ア・プリオリ」概念を敢えて新たに導入するまでもない、とヘルダーは言いたいのである[35]。

ヘルダーが、前節末に触れたように「新経験論者たち[24]」から影響を受ける一方で、同時に「理性における「神的規則」」なき「経験主義からも距離をとる」(36)ことは、こうした仕方でライプニッツ由来の「生得観念」に肩入れする姿勢にも見て取られる。以上の次第は、『再批判』のヘルダーが、ライプニッツを擁護すると称するエーバーハルトの名に言及していた事実（vgl. FHA 8, 323）とも相即的に捉え得るものであろう。

四　キーゼヴェッターによるカントの「ア・プリオリ」の擁護とヘルダー批判

キーゼヴェッターは、『吟味』において、ヘルダーが『再批判』において行なったのと同様に「純粋認識と経験的認識の区別について」と題する節で批判的な「ア・プリオリ」について論じている。すなわち、私たちの「認識能力のうちに根拠を有し」「外的諸対象が働きかけることを通じて〔…〕私たちのうちに引き起こす」、「そのような諸表象と諸認識は、感性的知覚に基づく一切がそれらから切り離されているが、カントは、こうした諸表象と諸認識をア・プリオリと称したいと主張し、感性的知覚から生じる諸表象と諸認識をア・ポステリオリと名づけようとする。これにより、彼自身が示すように、彼はア・プリオリという表現に普通のとは異なる意味を与える」（K.25）。

このようにして、キーゼヴェッターは、カントの「ア・プリオリ」はそもそも「普通のとは異なる意味」であることに、まず注意を促す。ここで言われる「普通の意味 gewöhnliche Bedeutung」が、前々節に見た『再批判』のヘルダーのいわゆる「普通の用法」ないし「普通の話法」を念頭に置くものであろうことは見やすい。ではどのように「異なる」のかと言えば、キーゼヴェッターが述べるところでは、

ア・プリオリという表現では時間が、つまり先ナルモノ prius が話題になっているのではないことを、カントは判明に十分に述べた。すなわち、その根拠を認識能力自身に有する諸表象がア・プリオリと称されるのは、それらが時間の点で他の一切の表象に先行するからではない。というのも、実のところ、私たちの一切の認識

は経験から始まるのではなく、私たちは諸認識を、それゆえまた経験を思い描くより先に、認識能力（諸認識の可能性の内的根拠）を思い描くのだから。そこにおいて、理性は帰結に先立って根拠を思い描くが、このこと自体をすでに帰結という表現が示している。――こうして、彼が〔第一批判の〕序論において言うには、そのようなア・プリオリな諸認識の可能性（思考可能性 Gedenkbarkeit）を認めざるを得ない以上、そのようなア・プリオリな諸認識は存在するかという問いが成り立つ。（K.25f.）

見られる通り、キーゼヴェッターは正当にも、批判的な「ア・プリオリ」の概念が、ヘルダー自身が理解し受け容れたと思しき時間的先後関係を際立たせるヒューム流の道具立てとは、異なることを指摘する。そして、「その根拠を認識能力自身に有する諸表象」、つまり空間・時間・カテゴリーといった、それらこそが経験をその都度初めて可能にするところの諸形式の「ア・プリオリ」な表象は、私たちが「経験を思い描く」こと、すなわち「可能な経験」を構成することに、むしろ論理的に先立って、「理性」によってこれまたア・プリオリに認識される、とキーゼヴェッターは続ける。これは、第一批判で開陳される超越論的認識の構造を彼なりにパラフレーズして見せるものとも解されるであろう。

彼なりにと言うのは、右の叙述においてキーゼヴェッターは、カントが第一批判で用いない語彙をも駆使しているからである。その一つである„Gedenkbarkeit“はランベルト（一七二八―七七年）が用いたことが指摘されている。(37) キーゼヴェッターがわざわざこの語に訴えるのは、『神』や『再批判』のヘルダーが、カントも敬意を払ったランベルトに触れることを意識したものとも考えられる。それ以上に、目下の関心から注目されるのは、キーゼヴェッターが「認識能力」を「諸認識の可能性の内的根拠」と言い換えている事実である。「認識能力」をこの意味での「根拠」と表現すること、具体的には、「こころの純然たる特有な受容性」（VIII 222）である感性（すなわち「受容性の能力としての感性」［IX 36］）を「感性的直観の可能性の根拠」（VIII 222）と標識づけることは、管見によれば、第一批判には見られない、ヴォルフ派論駁を主旨とする『駁論』に特有の語法である。つまり、キーゼヴェッターはここでも、前々節で見たように、『再批判』のヘルダーが、（キーゼヴェッターにとってはハレでの師の一人でもある）[38]エーバーハルトの名や、書誌の註記のみとはいえカントによる彼への『駁論』に言及していたことを、確実に意識しているものと考えられる。このことはまた、キーゼヴェッター自身が、ケーニヒスベルクに師を再訪するわずか数ヶ月前に公刊された『駁論』を読んでいたであろうことを、強く示唆する。

そうであるとすれば、キーゼヴェッターが『吟味』において呈示する「ア・プリオリ」理解にも、当概念に関する第一批判での基本了解に加えて、『駁論』で改めて際立たせられた論点が伏流しているとも予測される。果してキーゼヴェッターは次のように続ける。

なるほどヘルダー氏は、「一切の経験的なものから自由に・自己自身を越えて自己の先を思考することなど、誰にもできない。できるとすればそれはヨリ先ナル万事に先立つ先ナル者 ein prius vor allem a priori であろうが、その働きがあるなら人間理性は活動を始めずして停止するだろう[39]」と主張しはする。しかし私たちはただまったく率直に言いたいが、このような命題は私たちにはさっぱり分からない。つまり、認識能力のうちにその根拠を有し、一切の経験的なものから切り離されて意識し得る諸表象があると現に主張する者が、どうして自己自身を越えて自己の先を思考することになるのか、私たちには分からないのである。（K.26）

「ヨリ先ナル万事に先立つ先ナル者」ということでヘルダーが考えるのは無論のこと〈神〉であろう。「ア・プリオリ」の言わば水源地を〈神〉に求めることは、前々節末に見たように、カントの用いる同概念を既存の生得観念の「再版」と見るヘルダーにとっては自然な思考であったろう。実際、キーゼヴェッターは、『再批判』が批判哲学における空間・時間・カテゴリーを「生得的表象」の水準で理解していることを指摘する（vgl. K.177; 205）。

まさにこの種の思考を糾弾し、第一批判以来の「ア・プリオリ」の「批判」的性格を改めて強調するべく、カントが『駁論』において導入した新機軸こそ、「自然法」に由来するとされる「根源的獲得 ursprüngliche Erwerbung」（VIII 221）の概念であった。(40) それは、もはや認識能力の背後に遡源し得ないという意味で「認識能力のうちにその根拠を有し、一切の経験的なものから切り離されて意識し得る諸表象」、具体的には空間・時間・カテゴリーというア・プリオリな諸形式の、経験的なものをその都度の機縁とし・経験構成の手続の開始をその都度告げる、超越論的主観における自己表象作用を指すのであってみれば、そのような「諸表象があると現に主張する者（すなわちカント）が、どうして自己自身を越えて自己の先を思考することになるのか、私たちには分からない（、つまりそんなことになるはずがない）」(41) と主張する『吟味』のキーゼヴェッターが、「根源的な獲得」として際立たせられた批判的な「ア・プリオリ」の概念を携えてヘルダーに対抗したとみることは、必ずしも強引な解釈ではないように思われる。

五　二人の弟子・再び――結語に代えて

それにしても、『吟味』に「根源的な獲得」という言い回しは見当たらないようではある。それは、『吟味』の趣旨に忠実に著者が師の主著に内在し遂げた結果でもあろうし、「第二の父」(3) の著作とはいえ自分のハレ在学時の師の一人を腐す『駁論』を援用することは憚られたという事情もあったであろう。(42) 師から「盗用」の嫌疑を被ることに辟易した著者の忖度の現れとみるのはさすがに穿ちすぎであろうか。いずれにせよ、『吟味』二巻本を師に献じた弟子が師の丁重な謝意によって報いられたことは、さきに第一節で触れたとおりである。

ヘルダーに関しては、カントの「遺稿」に、『再批判』第一部「悟性と経験」についての所見らしき書きつけが見出される。いわく悟性と経験とが私たちの一切の認識の、つまりア・プリオリな認識とア・ポステリオリな認識との、総体をなすことは確かだ。だが、悟性とは何だと理解されているのか。悟性とは再び、経験を通じて悟性をその諸法則に適う仕方で用いることができる能力だとするなら、これは循環した説明だ。悟性とは、諸表象を結合する規則の意識と、諸表象との、結合の能力なのだ。それは、感能の諸対象から切り離されているなら純粋な悟性であり、それらと結合しているなら適用されている悟性だ。後者が経験の能力だ。純粋悟性とは、ア・プリオリな認識の能力なのだ――それに比べれば、非合理 Unvernunft〔没理性とも訳せる〕と意図的な思い違いとがヘルダーの看板なのだ。（XXI 225）

見られる通り、「悟性と経験」なる書名は悟性と銘打ちながら「ア・プリオリ」を理解しない「非合理と意図的な思い違い」を公言する「看板」に他ならぬと、老いた師はかつての弟子の著述の難点を的確に見抜いていたのだった。この事実に、前節末に確認した「批判哲学がめざしたもの」の在処を改めて見届けたところで、批判哲学者の二人の弟子のもとを辞去することにしよう。

註

（＊）いわゆるフランクフルト版ヘルダー著作集（Herder, Johann Gottfried: *Werke in zehn Bänden*. Hrsg.v. Martin Bollacher u.a., Frankfurt/M.: Deutscher Klassiker Verlag 1985-2000）を用いる場合は、その略号 FHA に巻数と頁数を併記して出典箇所を示す。編者註などヘルダーによる以外の文言の場合は筆者名も付記する。

（1）刊年に関しては次を参照。FHA 7, 811（Hans Dietrich Irmscher）.

（2）カントは一七八九年五月一九日付ラインホルト宛書簡において、「加齢によるもろもろの衰弱の形をとって老年期 das Alter がすでに目に見えて始まっています」と述べ（XI 47）、同年一〇月二一日付ドゥ・ラ・ガルド宛書簡では、「私の年齢では in meinem Alter 約束した仕事の幾つかは延期を避けられない」旨を話題にしている（XI 91）。九一年九月二一日付ラインホルト宛書簡によれば、カントは「ほぼ二年前このかた」つまり八九年九月頃以降、仕事の停滞を余儀なくさせる「自分の健康上の〔…〕突然の変化」を感じ取っており（これはドゥ・ラ・ガルドへの右の発言とも整合する）、それが「高齢 das Alter」に起因することを自覚していた（XI 288）。

（3） Cf. Kuehn, Manfred. *Kant. A Biography*. Cambridge: Cambridge Univ. Press 2001, pp. 359f. 邦訳：キューン（菅沢龍文・中澤武・山根雄一郎訳）『カント伝』、春風社、二〇一七年、六九一―六九二頁。キーゼヴェッターの九〇年秋のケーニヒスベルク滞在期間の一次典拠は次の書物冒頭の同人略伝（フリットナー Ch. G. Flittner 記）にある「ケーニヒスベルクでの至福の三ヶ月」の文言。*Johann Gottfried Christian Kiesewetter's Darstellung der wichtigsten Wahrheiten der kritischen Philosophie. Vierte verbesserte Ausgabe [...] Nebst einer Lebensbeschreibung des Verfassers*. Berlin 1824, Ndr. Bad Feilnbach: Schmidt Periodicals 2007, S.XVII.「第一序論」の件は二〇〇九年刊 PhB 新版第三批判付録編者緒論（S.474）を、その他は次註項目も参照。

（4） Naragon, Steve, art. "KIESEWETTER, Johann Gottfried Karl Christian（1766–1819）", in Heiner F. Klemme / Manfred Kuehn eds., *The Bloomsbury Dictionary of Eighteenth-Century German Philosophers*. London: Bloomsbury 2016, pp. 415–417, at p. 416. なお本稿で言及する人物の生没年は本書に拠る。

（5） 一七九一年七月三日付カント宛書簡でのキーゼヴェッターの申し立てによれば、「私はまだハレに〔学生として〕いたときすでに、先生のお説に従って一個の純粋一般論理学を書いてみようと心に決めており、もうそのときに純粋一般論理学の幾つもの個々のテーマについてちょっとしたものを仕上げもしました。この些少な紙片を私は〔八八年に〕ケーニヒスベルクに持参しました。私は先生に、自分はベルリンで論理学の講義をすることを思案しており、この講義のためにこれから全紙何枚かを印刷させるつもりであることをお話ししました。〔…〕私はまだケーニヒスベルクにいた間に、この〔先生の〕論理学講義についてのノートの大部分を仕上げ、批評を頂くべくその幾冊かを数回にわたり先生の前で読み上げましたところ、先生は実にご親切にそれについて私とお話し下さり、私の理解を正して下さいました。〔…〕本当のところ、先生は私に論理学入門のための材料を口述筆記させるほどご親切にして下さったのです。――私はベルリンに赴き自分のノートに従って論理学を二回講義しました。しかし私の聴講者たちは入門書を欲しがり〔…〕私のノートを印刷させてくれるように私にせがむのでした。そういうわけで、私はとりあえず、それでも確かなことをはっきりさせずにラ・ガルド氏と話をしましたので、私の本は昨年〔九〇年〕のミカエル祭書籍市では近刊書としてではなく広告される事態になった次第です。昨年のミカエル祭の祝日〔九月二九日〕に、先生をお訪ねするためケーニヒスベルクに参りましたときには、私は自分のノートを携行しまして、仕上げの際に自分には必ずしも満足に展開できていなかった幾つものテーマについて、なおも先生にお尋ね申し上げましたが、先生はこの上なくご親切にそれにお答え下さいました。〔後略〕」（XI 267f.）すなわち、「カントのアドバイス」や「口述筆記する」便宜（岩波書店版『カント全集』第22巻、四五五頁、訳注（59））は、実はキーゼヴェッターの最初の訪問時（「再訪」時ではなく）から与えられ、すでにそのときカントは彼から『純粋一般論理学』出版の意図を知らされていた。実際、キーゼヴェッターは同じ書簡に、「純粋一般論理学について全紙何枚かの本をいつか刊行するつもりだとお話ししたことを先生はお忘れか聞き漏らされたかと思いますにしても」（XI 268）と、（「平身低頭」というよりむしろ）単刀直入に書いている。カントの老化（前註（2）をも参照）との関連を考えさせられる一件とも言えるかもしれない。

（6）Cf. Kuehn, *op.cit.*, pp. 235f. and p. 389. 前掲訳書四五八、七四六―七四七頁。

（7）腕の炎症のために書くことができなかったという。Cf. Kant, Immanuel, *Correspondence*, transl. & ed. by Arnulf Zweig, Cambridge 1999, p. 464, n.6.

（8）Cf. Kuehn, *op.cit.*, pp. 295f. 前掲訳書五七〇―五七二頁。もちろん「カントはヘルダーのアイディアを使ってはいない」（同書五七二頁）。

（9）[Rink, Friedrich Theodor（Hg.）:] *Mancherley zur Geschichte der metacritischen Invasion. Nebst einem Fragment einer ältern Metacritik von Johann George Hamann, genannt der Magus in Norden, und einigen Aufsätzen, die Kantische Philosophie betreffend.* Königsberg: Nicolovius 1800.（Bayerische Staatsbibliothek 蔵本の写真版を同館ウェブサイトにて閲覧。）本書扉に編著者名はないが、リンクの名が巻頭言の末尾（S.XX）にある。同箇所には「一八〇〇年二月九日」との日付もあるが、実際には「二月末になっても本書の最終形態はまだ明らかでなく」（vgl. Onnasch, Ernst-Otto: „Der Briefwechsel zwischen Immanuel Kant und Jeronimo de Bosch. Oder ein Beitrag zum holländisch-deutschen Austausch über die kritische Philosophie", in: *Kant-Studien*, Bd.102, 2011, S. 89-112, hier: S. 93, Anm.12）、従って刊行はさらに遷延したことが判っている。オンナッシュの見方によれば、「この出版企画を実現するにあたり、本当のところはカントが決定的な意見を述べた」（vgl. ebd., S.93）。

（10）Vgl. „Beylage. Parallelismus zwischen der ältern Hamannschen und der neuern Herderschen Metacritik", in: [Rink（Hg.）], a.a.O., S.254-256.

（11）Zaremba, Michael: *Johann Gottfried Herder. Prediger der Humanität. Eine Biographie*, Köln u.a.: Böhlau 2002, S.220f.

（12）Stefan Greif / Marion Heinz / Heinrich Clairmont（Hgg.）: *Herder-Handbuch*, Paderborn: Wilhelm Fink 2016, S.268.

(13) なお、「日本における今後のヘルダー研究の可能性」に言及する最近の文章（嶋田洋一郎「ヘルダー研究の現在と未来」、日本シェリング協会編『シェリング年報』第二六号、二〇一八年、五二―五九頁）に『再批判』が登場しない事実は印象的である。『再批判』がヴォルフ流の「独断論的形而上学」であることがヘルダー研究の側から確認されている（前掲 *Herder-Handbuch*, S. 283〔Heinz〕）以上、無理からぬことかもしれないが。

(14) 同書は「オランダでもカント主義者たちの間でセンセーションを惹き起こした」（vgl. Onnasch: a.a.O., S. 95）し、英国では早くも一八〇〇年中に「好意的に書評された」（cf. Micheli, Giuseppe, "The Early Reception of Kant's Thought in England 1785-1805", in George MacDonald Ross / Tony McWater eds., *Kant and His Influence*, London / New York: Continuum 2005, orig. Bristol 1990, pp. 202-314, at p. 297）。

(15) Kiesewetter, J. G. C.: *Prüfung der Herderschen Metakritik zur Kritik der reinen Vernunft, in welcher zugleich mehrere schwierige Stellen in der Kritik der reinen Vernunft erläutert werden*, 2 Bde., Berlin 1799/1800, Ndr. Bad Feilnbach: Schmidt Periodicals 2007. キーゼヴェッターは、その「第一部」（本稿では以下、略号K.と頁数を併記してこれに言及する）を「書肆が」カントに送付する旨を、一七九九年一一月一五日付書簡の追伸で師に伝えた（vgl. XII 293-295）。

(16) 拙著『〈根源的獲得〉の哲学――カント批判哲学への新視角』、東京大学出版会、二〇〇五年、三頁。フランクフルト版ヘルダー著作集の編者の一人でもあるウルリヒ・ガイアーによれば、「ヘルダーの攻撃が最も頻繁になされるのはこの概念をめぐって、いっそう正確には、カントがしたと想定されるこの概念の解釈をめぐってのことである」（Gaier, Ulrich: *Herders Sprachphilosophie und Erkenntniskritik*, Stuttgart Bad-Cannstatt: frommann-holzboog 1988, S.185）。

(17) Rosenkranz, Karl: *Geschichte der Kant'schen Philosophie*, Leipzig 1840; hg.v.S.Dietzsch, Berlin: Akademie-Verlag 1987, S.247f.

(18) ローゼンクランツによれば、「キーゼヴェッターは、自分に与えられた事柄を変えることなく自分のものにする力量、またこの獲得物は彼の場合、自分自身の思考作用の反応によって攪乱されることがないので、きわめてすらすらとこれを他人に対しても再び説明することができる力量を、実に申し分なくもち合わせていた」（ebd., S.248）。ガウゼもこの文を含む一節を引用している（フリッツ・ガウゼ〔竹内昭訳〕『カントとケーニヒスベルク』、梓出版社、一九八四年〔原著一九七四年〕、三六―三七頁。訳文は異なる）。ローゼンクランツの筆致がキーゼヴェッターを「あらゆる点で徹底して貶める」（ガウゼ前掲訳書、三六頁）風であるのは、ケーニヒスベルク大学でカントを先任者とする講座を担当し最初期のカント全集の編纂にも携わったローゼンクランツには、キーゼヴェッターの例の「盗用」の件も或いは既知であったからかもしれない。

（19）最近のものとして、Kaupert, Christa: *Verstand und Erfahrung in Kants Vernunftkritik und Herders Metakritik*, maschschr. Diss., Bonn 2006. 古典的研究で管見し得たのは次に挙げる雑誌分載論考（一八八四年）。Michalsky, Otto: „Kant's Kritik der reinen Vernunft und Herder's Metakritik", in: *Zeitschrift für Philosophie und philosophische Kritik*, Bd. 84, H.1, S.1-41; H.2, S.161-193; Bd. 85, H.1, S.1-29.

（20）ヘルダーは脚注でラスペ版『人間知性新論』四頁を典拠として挙げる（ゲアハルト版哲学著作集では第五巻四二頁）が、逐語的な引用にはなっていない。一七七八年に刊行されたウルリヒ（Ulrich, Johann Heinrich Friedrich, 1751-98）による独訳（Leibniz, Gottfried Wilhelm von: *Neue Versuche über den menschlichen Verstand*, in: *Philosophische Werke nach Raspens Sammlung. Aus dem Französischen mit Zusätzen und Anmerkungen*, Bd. 1, Halle: Hendel 1778, S.89-93. Bayerische Staatsbibliothek 蔵本の写真版を同館ウェブサイトにて閲覧。）とも一致しない。

（21）「内的経験」・「外的経験」に関しては次を参照。Scholtz, Gunter: „Herder und die Metaphysik", in: Walter Jaeschke (Hg.): *Transzendentalphilosophie und Spekulation. Der Streit um die Gestalt einer Ersten Philosophie (1799-1807)*, Hamburg: Meiner 1993, S.13-31, hier: S.28. 邦訳：グンター・ショルツ（小田部胤久訳）「ヘルダーと形而上学」、ヴァルター・イェシュケ編（髙山守・藤田正勝監訳）『論争の哲学史――カントからヘーゲルへ――』、理想社、二〇〇一年、三一―六一頁所収、五二頁。

（22）同所でヘルダーは、「彼〔ヒューム〕はこの語を、普通の話法に基づいて用い、そこからして市民的体制や日々の生き方に関わる諸テーマにもあてはめた」と述べる。この内容からみて、ヒュームによって「平明に書かれた試論」とは、一七五五年に独訳（註（16）前掲拙著の一二四頁註（2）を参照のこと）が刊行され、その「第五試論」のヒューム本人による長い脚注（一〇八―一一二頁）で件の話題にも触れているとみられる、『人間知性研究』を指す。当該独訳書 *Philosophische Versuche über die menschliche Erkenntniß*（一七九三年にイェナで刊行されたテンネマンによる新訳〔cf. Klemme, Heiner F., "Introduction", in id. ed., *Reception of the Scottish Enlightenment in Germany: Six Significant Translations, 1755-1782*, vol.I, Bristol: Thoemmes 2000, p.v, n.1〕とは別物）とヘルダーの関係については、註（12）前掲 *Herder-Handbuch*, S.48, Anm.3 を参照のこと。

（23）ヘルダーがヒュームに帰するこの「ア・プリオリ」の把握は、認識に関する「ア・プリオリ」をこのラテン語の原義「より先なるものから」に即して「根拠から帰結へ」と意味づける原型的な把握と、むしろ親和的にも映る。

（24）Bondeli, Martin: „»Ohn' alle Erfahrung«. Herders Kritik an Kants Formalismus", in: Marion Heinz (Hg.): *Herders ›Metakritik‹. Analysen und Interpretationen*, Stuttgart Bad-Cannstatt: frommann-holzboog 2013, S. 105-125, hier: S.112.

（25） Gaier: a.a.O.

（26） 事実、『再批判』では、第一批判（第二版）の序論第七節に対応する同題の節中の小見出しで「ア・プリオリな認識とは何か」との問いが掲げられ、これに対して「なされ得る経験に先立ち、私に内在する諸概念に基づいてあらかじめ私が有する認識」と回答される（FHA 8, 334）。ここに関する限り、「なされ得る経験 eine[ ] anzustellende[ ] Erfahrung」はカントの言う「可能な経験」のヘルダーによる言い換えとも解される。

（27） これについては例えば註（16）前掲拙著を参照のこと。

（28） この件に関してはショルツ前掲論文「三」（Scholtz: a.a.O., S.17-23. 引用箇所は三八頁〔S. 18 の原文を意訳〕）を参照のこと。

（29） 刊年に関しては次を参照。FHA 4, 814; 1353 (Martin Bollacher). カントは一七八九年八月三〇日付ヤコービ宛書簡において本書に（否定的に）言及している（XI 76）。本書は、『再批判』も一つの機縁となって一八〇〇年（一七九九年一一月とも）に、シェリングを念頭に『神――スピノザの体系をめぐる会話〔…〕』へと副題を改めた第二版が刊行された（vgl. FHA 4, 1345; 1362〔Bollacher〕. また、加藤尚武編『哲学の歴史 7』、中央公論新社、二〇〇七年、二五二頁〔栗原隆〕）。最近の吉田達訳『神 第一版・第二版 スピノザをめぐる対話』（法政大学出版局、二〇一八年）は両版を訳出している。

（30） FHA 4, 712（Z.17 u. 27）; 736（Z.30）; 750（Z.11 u. 12）; 785（Z.28）; 790（Z.31）.

（31） この表現は第一批判でなく『プロレゴメナ』に見られる（IV 370）。

（32） 註（16）前掲拙著の第四章を参照のこと。

（33） ショルツ前掲論文五八頁註（48）（Scholtz: a.a.O., S.21, Anm.48）; 本稿註（12）前掲 *Herder-Handbuch*, S.42.

（34） Bondeli: a.a.O., S.113.

（35） ただし、少なくともカント文献に即する限り、批判的な「ア・プリオリ」と既存の「生得観念」の近さを、両者がともに感覚的なものを「機縁として」機能する性格をもつ点にもっぱら着目して結論づけることはできない。註（16）前掲拙著、一一〇―一一一頁、を参照のこと。

（36） ショルツ前掲論文四四頁（Scholtz: a.a.O., S.22）。

（37） Vgl. Baumgarten, Hans-Ulrich: *Kant und Tetens. Untersuchungen der Probleme von Vorstellung und Gegenstand*, Stuttgart: M und P. Verlag für Wissenschaft und Forschung 1992, S. 40. この語を立項するグリム兄弟他編『ドイツ語辞典』（Bd.4-1, Sp. 1994）は、当初匿名で出版されカント著と誤認されたフィヒテ著『一切の啓示批判の試み』の用例を挙げるにとどまる。

（38）註（4）前掲項目（p. 415）を参照のこと。
（39）原文は „Das wäre ein prius vor allem a priori, damit hörte, ehe sie anfing, die Menschenvernunft auf.“ ヘルダーの原著（FHA 8, 325）では、„a priori“ の直後はゼミコロン。
（40）註（16）前掲拙著の他に次の拙稿も参照のこと。「カントはなぜ「根源的獲得」概念に訴えたのか」、京都大学哲学論叢刊行会編『哲学論叢』第三八号、二〇一一年、三五―四四頁。
（41）一七九〇年九月二九日から三ヶ月に及んだキーゼヴェッターのケーニヒスベルク再滞在（前註（3）と（5）を参照のこと）と重なる九〇／九一年冬学期の形而上学講義のものとも推定される或る筆記録（cf. Kant, Immanuel, *Lectures on Metaphysics*, transl. & ed. by Karl Ameriks & Steve Naragon, Cambridge: Cambridge Univ. Press 1997, p. xxxii）には、「生得的概念」と「獲得的概念」の対比の文脈がある（vgl. XXVIII$_{2\text{-}1}$ 542）。『駁論』刊行直後のためか、ここには「根源的な獲得」という表現はないが、以後の形而上学講義では「根源的」な「獲得」が話題になる。この件については、拙稿「ドイツ観念論の対岸にて――カントの「根源的獲得」論の行方――」、『理想』第七〇〇記念号、二〇一八年、三七―四八頁所収、の「I」を参照のこと。
（42）なお『吟味』第一部の扉には、ケーニヒスベルク滞在中のキーゼヴェッターが「『純粋一般論理学』の教本の編集刊行」の件について「しばしば話をした」（vgl. XI 268. それゆえ同書の公刊の話を「伏せておいた」ことはないとキーゼヴェッターは書く）という当時カントの同僚でカントの教え子の一人でもある「宮廷説教師」のシュルツ Johann Schulz（註（4）前掲書の当該項目〔p. 701. 見出しの綴りは „SCHULTZ“〕を参照）と、ハレ在学時におけるキーゼヴェッターのもう一人の師であるヤーコプ Ludwig Heinrich Jakob（註（4）前掲項目〔p. 415〕を参照）への献辞がある。

〔書　評〕

石田京子著『カント　自律と法　理性批判から法哲学へ』

（晃洋書房、二〇一九年）

杉田孝夫

『人倫の形而上学』出版当時から一九七〇年代に至るまで、カントの法哲学および『人倫の形而上学』という著作が一貫して軽視され酷評されてきたという序文の一節に衝撃を受けた。三批判書が早々とカント作品群のなかの主著の位置を得てしまったことにより、他の作品、とりわけ法政治論は脇に置かれてしまったのかもしれない。本書は、カントが自らの学の体系構想として、理性批判のあと、自然と人倫の形而上学を構想していたという事実に立ち返って、その哲学体系全体における法哲学の位置を正しく定め（第一部「法と道徳」第一―四章）、カント法哲学を一つのアプリオリな体系として提示する（第二部「自由にもとづく法のアプリオリな体系」（第五―六章））。

第一部の論点はカントの体系構想のなかで法と道徳の関係をどう読むかである。第二章「道徳法則と自由」では、『人倫の形而上学の基礎づけ』（以下『基礎づけ』）と『実践理性批判』に依拠して、人間にとっての道徳法則である「定言命法」と「自由」の概念が確認される。「道徳法則」自体は「あらゆる理性的存在者にとって」妥当するが、「有限な理性的存在者」に対しては、「なすべし」という仕方で、「命法」として表象され、「仮言命法」とは異なって、行為の履行・不履行を「無条件に」「定言命法」として命じる。

「定言命法」の方式は、まず（一）厳密さの確保という観点から「あなたの格率が普遍的法則になることを、その格率に従って同時に意欲することができるような格率に従ってのみ行為せよ」という「普遍性の方式」が基礎に置かれ、ついで（二）「目的の方式」が提示される。人間は、理性的存在者である限りで「人格」とよばれ、たんに「手段」としてのみもちいられてはならず、同時に「目的」としてもちいられなければならない。さらに（三）ここから帰結する第三の実践理性原理が、「普遍的に立法する意志としての、すべての理性的存在者の意志」という「自律の方式」である。ここで「純粋理性」は、「道徳的な善さ・正しさを判定する根本原理」を、「定言命法」というかたちで示すが、「純粋理性」は、行為の規定根拠を与えるかぎりで「意志」とみなされる。かくして道徳法則は定言的な「なすべし」として表象され、他のあらゆる行為原理を制約する限りで、そのような法則の源泉として「純粋実践理性」が位置づけられる。こうして道徳法則の普遍妥当性の要求と意志の自由との必然的なつながりが、カントの道徳哲学の根底に据えらえる。

この構図は、基本的には『人倫の形而上学』でも踏襲され、道徳的諸原理のもとにある「理性的存在者の自由」から、「自律としての自由」が導き出される。だが、『人倫の形而上学』では『基礎づけ』や『実践理性批判』と異なり、「意志」と「選択意志」との区別が強調され、「選択意志」が頻繁に取り上げられるようになる。「選択意志」は普遍化可能ではない格率に従って行為を規定することもあるので、道徳法則のみに従う「意志」とは明らかに異なっている。「意志」は選択意志を規定し、「選択意志」は行為を選択する。選択意志の「自由の消極的概念」は、人間の選択意志が感性的衝動から独立しているということであり、人間の選択意志は、衝動によって触発されるが規定はされない。それに対して、「自由の積極的概念」は、純粋理性がそれ自身で実践的でありうることとされる。選択意志は、「それ自身で実践的であるという、純粋理性の能力」を前提にしなければ、自由ではないからである。

第三章「批判から人倫の形而上学」では、法と道徳の関係が、「批判」と「形而上学」という学的な体系区分の問題として捉えなおされる。すなわち〈法—道徳〉という二項図式では、カント哲学における法と道徳の関係を論じるには不十分であり、むしろ道徳性・法・倫理という三項図式で捉え、「批判」に〈道徳性〉、「形而上学」に〈法—倫理〉が割り当てられる。そのことによって、「批判」が「形而上学」の前提となるという連関で、「法」は「道徳」との連続性を保ちつつ、同時に「形而上学」の内部で「倫理」が「法」に対置されることで、「道徳」からの独立性を保ちうる構造になっているという洞察が加えられる。

『基礎づけ』と『実践理性批判』で「格率」とされた「定言命法」と「意志の自由」は、「道徳性」の示す領域と考えられる。「道徳性」は、自然や経験との対比において提示されるものであり、「法」と対比されるのは、道徳的目的を含めた、個々人の選択意志の規定を問題とする「倫理」である。「法」と「倫理」はともに、「道徳性」を基盤とするが、「法」は「倫理」から独立する、という構造連関になっていることがわかる。「外的自由」に関する格率は「他の人の行為」を規定する格率のことであり、「法」の領域で扱われる。それに対して、「内的自由」に関する格率は「自分自身の行為」を規定する格率のことであり、「倫理」の領域で扱われる。さらに「外的自由」の概念は、

「積極的」なものと「消極的」なものに分けられ、「積極的概念」は「他の人の意志でもありうるような一般意志」とみられるかぎりでの純粋な意志が立法主体であることを意味する。他方「消極的概念」の役割は、さまざまな社会規範の中で、「法」はどのような行為をカバーするのかを、「倫理」との対照で明らかにすることにある。「積極的概念」は、「消極的概念」が限定した領域における自己立法の可能性を示す。それは、「法」の領域における自由な意志を、誰の意志でもありうるような「一般意志」と捉えなおすことによって遂行される。

この枠組みをふまえて第四章では「法とは何か」という法哲学の根本問題に接近する。「法」のそもそもの概念とは、カントにおいては「法の道徳的概念」なのだが、「法に対応する拘束性にかかわる限りでの、法の概念」である。第一に、「ある人格と他の人格の行為が作為として相互に影響を与えうる限りで」「人格間の外的で、しかも実践的な関係」だけに関わる。第二に、法は「願望」には関わらず、第三に、選択意志の間のこの相互関係において、法は「その実質(行為の目的)」には関わらず、「選択意志がもっぱら自由とみなされる限りでの選択意志どうしの関係」の「形式」だけにかかわる。すなわちあらゆる人を包括する結合契約を可能にするのは、「普遍法則による規定」を措いて他になく、「法の普遍的原理」は選択意志の関係の形式への拘束性を示す「法論の最高原理」であり、「法と不法の認識を可能にする普遍的基準」である。

ところでカントにおいて「法」と「倫理」とを区別するためのメルクマールとなるのが「強制」の概念である。しかしカントにおいて「強制」は、法的な義務を遂行させるための手段として正当化されているのではない。強制権能とは、自分の選択意志の自由が普遍的法則に従っている場合に、他のすべての人に対して該当する行為の履行ないし不履行を義務とする権能である。たとえ同意がなかったとしても、わたしは、他の人に義務を果たすよう強制する。何が正しいのかに関して同意が存在せずに、相手方にとっては強制となるかもしれないからこそ、法の領域におけるこのような義務づけの能力は、強制権能と呼ばれうる。ここで著者は「強制」を「義務意識以外の動機」を許す要素と見る見方を退け、「法から権利を導出する際に必要な要素」として「強制」を位置づけ、「強制」が法と道徳とのつながりを否定するものではないことを明らかにする。こうして自律としての自由は、すべての人の相互強制の可能性とともにはじめて成立する。

「法的行為によらずにすべての人に帰属する権利」は「人間性にもとづく権利」と呼ばれ、ただ「法の普遍的原理から直接的に導出される権利」であるとして、そのアプリオリ性が確認される。この「私たち自身の人格における人間性の権利」は、「仮想的人間」としての自己が「現象的人間」としての自己に対してもつ権利であって、その「現象的人間」にとっては「自己自身に対する法の完全義務」である。この権利は、他の人から単なる手段としてのみ扱われることを承認する権限が自己自身にないことを示す。法の普遍的原理に由来するこの義務を、カントは「法的誠実」と呼ぶ。これに対して「他の人に対する完全義務」と呼ばれるのが「人間の権利」である。この「人間の権利」は、権利主張の権限を放棄することができないものであり、他の人を義務づける権能一般を表すもので、「生得的権利」と「取得的権利」の上位区分である。「生得的権利」はただ一つであり、「他の人の強要的な選択意志からの独立としての自由」を意味し、「他のすべての人の自由と普遍的法則に従って両立できる限りでの自由」である。しかしこの「生得的権利」は、基本的人権と同等視されるものではなく、むしろ「基本的人権のリストの妥当性を検討する際の基準」であり、同時に、「さまざまな基本的人権の正当化根拠」として用いられるものであることに注意が喚起される。

第二部「自由にもとづく法のアプリオリな体系」では、第一部で見た「自律としての自由」と「自他関係」というカント法哲学における二つの契機は、形而上学としての法論を「私法」論と「公法」論へと区分する根拠になっている。「私法」論が自由な立法主体としての私と他の人との法・権利関係をアプリオリに規定することのできる条件を提示しようとするのに対し、「公法」論はそのような関係を私と他のすべての人を規定する手続き上の条件を定めようとする。「私法」は選択意志の外的対象についての権利という「法の対象」に関わるのに対して、「公法」はそのような関係を最終的に決定する権限を有する「法の主体」の問題にかかわる。

第五章「私法」では物権・債権・物権的債権の基礎づけとしての私法を考察する。カントは占有を「身体による（感性的）占有」と「単に法による（叡知的）占有」とに分けて概念化する。「法」は普遍的法則に従うすべての人の自由の両立を目指すものであり、占有実在論的な前提を受け入れることはできない。主体と対象との純粋に法的な関係すなわち「叡知的占有」を想定することは、他の人の自由の侵害という問題を解決するためには不可欠のことであった。そして、「叡知的占有」という概念を経験的対象に適用するという場面において、議論の主題は、「主体と対象との関係」から、その対象に対する他の人からの干渉

（他の人への従属）という契機を正当に排除するという「人格間の関係」へと転換される。叡知的占有を前提とする場合にのみ、私法は「ただ人格同士の相互拘束的な関係」として理解され、そのような関係が成立している場合にのみ、人は互いに自由であり続けることができるのである。カントが感性的／叡知的という二分法にもとづいて占有の問題を考えたのは、まさにこのような法的自由を確立するためであったことが確認される。

第六章「公法」では、「公法」と「実定法」が体系上異なるものであることが指摘され、カント法哲学においては公法もまた「アプリオリなもの」として提示されており、国家や国家連合など、公共体とみなされる政治的組織や制度にとっての「規範」として位置づけられる。まず第一節「社会契約論としての公法論」では、カントの公法論がどのような社会契約論であるのかが検討される。

「自然状態」から「市民的状態」への移行は、「根源的契約」の理念に基づいて、「理性的な義務」として提示される。カントにあっては「自然状態」と「市民社会」を区別させるものは「社会」の有無ではなく、「公共体」（法的状態）の有無である。「自然状態」は「普遍的で外的な（公的な）力を伴う立法を成立させる条件を欠いている状態」であり、それは「私的な共同体」であるかもしれないが、「公的な共同体」ではない。また「自然状態」において「私法」は存在するかもしれないが、「公法」は存在しない。それゆえカントにとって、「自然状態」における法＝権利は、法や権利の本来の定義に反するものなのである。「自然状態」から「市民状態」への移行は、「相互性のみを志向する法」を、「すべての人によって承認されうる法」へと更新するという営みである。だからこそカントにとって、この移行は「義務」なのである。移行の「義務」は、「法の概念からアプリオリに導出されるもの」であり、経験的事実としての行為ではない。「根源的契約」は「それに従ってのみ国家の適法性が考えられうる行為の理念」である。この共同立法を行う主体は、「すべての人の統合された意志」であるが、この意志も経験的なものではなく、個別意志の総和である「全体意志」ではなく、「一般意志」にほかならない。この「統合された意志」こそ「公共体」であり、「統合された意志」という資格でしか国家を支配することはできない。「統合された意志」は、公共体の規範を与える理念である。「人民（Volk）の統合された意志」が国家のみにかかわる一方で、「すべての人の統合された意志」は公共体一般にかかわりうるもので、国際法や世界市民法に対応した公共体をも射程に収めている。

国家が、「公共体」であり、同時に「力」であるとされるのは、国家は、自らの成員との関係において、法的状態（市民状態）を維持するための体制、つまり公共体でなければならないが、同時に国家は、別の国家を形成する他の人民とは対抗関係におかれ、ここでは国家は「力」と呼ばれる存在とみなされる。ここに「対抗関係にある諸国家」の法体系として「国際法」が現れる。「力」としての国家は、「公法の普遍的概念のもとで国家法のみならず国際法をも考える契機を与える」。

公法の体系はさらに「世界市民法」を提示する。人々と諸国家が、相互に行き来する外的関係にあり、一つの「普遍的な人類国家」の市民と見なされうるかぎりでの、「世界市民法」に従った法体系である。この「普遍的な人類国家」は仮想的な「理念共同体」である。世界市民法が、訪問権を保証する公法として存在すべきである以上、「一つの普遍的な人類国家」という法的体制も擬制として不可欠である。これが「通常の国家」とは異なり、外部性をもたず、もはや「力」としてみられることもない「理念的国家」の公法として考えるのであれば、「世界市民法」を一種の国家法と呼んだとしても問題は残らず、「諸人民の国家法」と訳し、「世界市民法」と言い換え可能なものとして了解可能とされるわけである。この点の指摘は新鮮であるし、「理念」の「擬制」として説得力がある。

『理論と実践』（一七九三年）、『永遠平和論』（一七九五年）、『人倫の形而上学』（一七九七年）を比較すると、たしかにカントが「理念における国家」の思索をどう深めていったのかがわかる。『理論と実践』では、「根源的契約」とは「人民全体の統合された意志から生じえたように、法律を制定す」べく拘束する規範であり、「人民が同意しえないような法律は不法であり、同意できるものであれば正しい法である」とされ、国家の法律の基準が「同意可能性」に置かれている。それに対して『永遠平和論』では、国家規範としての「共和制」に焦点があてられる。共和制の要件として、執行権と立法権が分離され、かつ執行権を保持する統治者は国家権力を持たず、国家権力を代表するのみであり、国家権力は立法権のうちにのみある。「共和制」は権力分立と代表制を条件とする統治形式であることが示される。理念としてその対極にあるのが「専制」である。この権力分立論は「法論」では「理念における国家の形式」として立法者という人格における支配権、統治者という人格における執行権、裁判官という人格における裁判権という三権分立の形式をとる。三権は道徳的人格として相互に併存し、補完的であり、かつ相互に服従する。三権の相互の併存と服従による統合を通じてすべての臣民に権利が与えられ、この三権を通じて、国家つまり共通の法のもとにある人民は自律（自由）を獲得する。こうして「唯一の適法的体制」である「純粋共和国」は公法の「理念」の地位を与えられるのである。

国際法は、カント以前においては、諸国家が戦争を始める、あるいは遂行するのを正当化するために引き合いに出される法であった。それに対して、カントは国際法を、国家間の紛争を「戦争」ではなく「訴訟」によって解決するための法規範として捉え、そのための国際的政治制度——国家連合——を創設する義務があることを示す規範として捉えた。世界市民法も、他国の人々との交流を試みる権利がすべての人にあること、そしてすべての人が外来者の侵害から守られること、国家と外国人、国家と国家外の集団との関係もアプリオリに「法」の下におかれなければならないことを示している。

本書において遂行された、カントの体系構想における「法論」の再定位という作業は、テクストとテクストとの間に潜む隠れたコンテクストを発掘する作業にほかならない。そこに埋め込まれている思考の方法はわれわれにとって、カントの哲学体系を構造的に理解するための手がかりを与えてくれるものであると同時に、今を批判的に読み解くための方法を与えてくれるものでもある。

杉田孝夫氏の書評への応答

石田京子

書評の労を取ってくださった杉田会員にまず感謝申し上げます。応答文ということで、気づいた点を書かせていただきます。法的公共体の説明に関して、「擬制（Fiktion）」という表現を用いていらっしゃいますが、政治哲学では頻出のこの表現を、私はあえて用いませんでした。「擬制」という言葉が「本当はそうではないが、それと扱われるもの」を意味するなら、それがカントの国家観を表すものとして適切かどうかが、さだかではなかったからです。カントは理念の実践的実在性を主張しており、その点で、ホッブズ『リヴァイアサン』のような「国家＝フィクション」観とは一線を画しています。もし国家が擬制であれば、個々の人間が道徳法則＝定言命法の立法者であることもまた同じように位置づけられているのですから、人々が立法者であることもフィクションということになりますが、道徳理論における人格の構想を擬制として表現できるかは、慎重に考えています。カントはもちろん経験的な実在性を主張しているわけではないので、カントの理念的な共和国が経験的事実ではないということのみを指してカントの国家を擬制と呼ぶのであれば、それには同意します。

〔書　評〕

永守伸年著『カント　未成熟な人間のための思想　想像力の哲学』

（慶応義塾大学出版会、二〇一九年）

高橋克也

一　啓蒙の循環から想像力の哲学へ

『カント　未成熟な人間のための思想　想像力の哲学』は、その長い題名が示すとおり、二つの柱に即してカント哲学を読解しようという企てである。「未成熟な人間のための思想」とは、啓蒙を必要とし、啓蒙されうる素質を持ちつつもまだ真の啓蒙（すなわち成熟）に至っていない存在としての人間に、成熟の実際的な可能性と道筋を描き出す思想のことを意味する。「想像力の哲学」とは、構想力——著者は一貫して「想像力」と訳すことを選ぶ——をめぐるカントの思索の総体であり、その多層性と多面性を明らかにすることが、求められている「未成熟な人間のための思想」を見出すことにつながるというのが本書の根本的なテーゼである。

もう少し正確に言えば、啓蒙の可能性の問題は「啓蒙の循環」の問題として定式化されねばならない。啓蒙において期待されているのは人間が理性的存在として訓練され教化されることなのであるが、そうした訓練・教化はほかならぬ人間自身の理性が導くものであるほかない。しかるに、「わたしたちが啓蒙されるべき未成熟な状態にあるならば、そもそも啓蒙する理性そのものをいまだに持ち合わせていないはずではないか。」（七頁）これは一種の循環である。これが悪しき循環とならないためには、理性というものが萌芽的なあり方から少しずつ発展してゆくものと捉えられる必要があるだろう。この「理性の発展史」の原動力となるものが「想像力」であると著者は考えるのであり、そのような観点からカントの想像力の哲学、ならびにそれと密接に関連した感情の哲学の価値を明らかにしようとするのである。

どの章においても先行諸研究との精力的な対話と丁寧な議論が印象的であり、著作全体の有機的構成もよく配慮されている。著者の真摯で情熱的な研究姿勢に賞賛を送りたい。また、扱われている問題が現代のわたしたちの状況を考える上でも重要であることを強調しておきたい。今日、理性と啓蒙が忘却、ないし冷笑されるかのような傾向は至るところに見出されるが、それは人々が粗野な感情に身を任せる傾向と共起している（ネットで人を中傷する快感、大げさな愛国的自尊感情など)。理性と啓蒙の哲学者カントがどのように想像力と感情の価値を分析したかを知ろうとすることは、間違いなく今求められている作業である。

二　綜合の理論と想像力

以下、本書の議論をもう少し立ち入って見てみよう。まずは、『純粋理性批判』演繹論を解読し、認識において想像力が果たしている役割を確認することから始めなければならない。

認識能力は悟性と感性とにひとまず二分される。そして、世界が法則的に連関したものとして認識されるためには、感性における所与が悟性のアプリオリな形式とうまく合致してくれなければならない。感性と悟性がこのように「かみ合う」(一三頁)ことを可能にするものこそ想像力である。その根本的な重要性は「想像力の純粋な超越論的綜合」(A101)という概念において示されている。これは単なる連想とは異なって、諸表象が必然的な統一性をもつことを根拠づける心的働きであり、その意義は主として「三重の綜合」理論の最後に来る「再認の綜合」において詳述されている(四九、五九頁)。「再認の綜合」は、より精確に見るならば、一連の表象を通時的同一性をもった一個の対象たらしめる「個別的綜合」と、その条件であり根拠であるところの「包括的綜合」(ブルックにならった命名。Andrew Brook, *Kant and the Mind*, 1994)に分けることができ、後者こそが超越論的綜合にほかならない。包括的綜合とは、ばらばらな諸表象を共時的な次元で結合し、法則的に連関し合う「ただ一つの経験」(A110)という全体にまとめる働きである(三四、五四頁)。そうした根源的条件としての超越論的綜合があるおかげで、世界は「まとまり」をもったものとして心の前に現れるようになるのである(三三頁)。

想像力の超越論的綜合は世界をまとまりあるものたらしめるだけでなく、心(意識)がまとまりをもつことをも可能にしている。従って、自己意識の統一もまた、すなわち統覚の超越論的統一もまた、この綜合を通してはじめて可能となると言えるだろう。正確に言えば、綜合の「機能の同一性」(A108)を意識することによってそれは可能となる(八八―八九頁)。このように、想像力の働きは「わたし」という主体の自覚に対してすら必要条件として論理的に先立っていなければならないのである。注意しなければならないのは、こうして可能となる自己意識の統一は、まだ「わたし」というものが最小限の意味で成立していることを意味するにすぎないのであって、これを不当に「肥らせて」はならないという点だ(九三頁)。超越論的統覚は自己の通時的同一性を意識している所謂「人格」ではまだなく、包括的綜合が表象の共時的統一をもたらすのみだったのとパラレルに、共時的な統一性をもつにすぎないものである。それはいかなる性質も捨象された「わたし」であり、「自発性」の意識以上のものではないのである（九六、一〇四頁）。

さて、自発性の意識は、一人称的な自己理解にすぎないにせよ、「自分は感性的衝動による強制から独立しているとみなしうる」という意識である。これは、人間同士がお互いについて道徳的帰責や行為者性の主張をすることの基礎をなしていて（七四、一〇五頁）、実践哲学のスタート地点をなすものにほかならない（七五頁）。

三　実践哲学と啓蒙の循環

カントの実践哲学における人間の分析も、「わたし」の自発性を軸としている。実際、『道徳形而上学の基礎づけ』が「人間性を単なる手段としてだけでなく同時に目的としても扱え」という命法を導き出すとき、理性的存在者は目的を設定し意志する主体である点で他の存在者から区別されるという事実が出発点となっているのである。この事実は、「規範的コミットメント」をなしうることと解されるべきであり、それも欲求に逆らってさえ目的を設定できる行為者性のことと解されねばならない（一三五頁）。それは一人称的に理解された限りでの自由な選択意志（Willkür）である。だが、この自由はまだ消極的なものでしかなく、それが肯定されるためには、自ら立法する積極的な自由としての「意志の自律」が可能でなくてはならない。『基礎づけ』の探求は、このように「条件の遡及」を行うことを通して道徳性の実質であり目的でもあるものを明らかにするという構造をもっているのである（一三八頁）。

けれども、こうして見出された「意志の自律」は、カントも言う通り、理念でしかない。すると、実現されるべき理念がそれを目指す能力そのものの条件となっているわけであり、ここに一つの「循環」が生じてしまう。この循環は、理念としての「意志」が歴史の中で段階的に実現してゆくものと考えることで、悪循環ではなくなるのだが（一四五頁）、そうしたプロセスの素描をわたしたちはカントの歴史哲学に見出すことができるだろう。よく知られている通り、『世界市民的見地における普遍史の理念』は、人間の自然的素質に由来する敵対性――非社交的社交性――が、現実の相互作用の中で逆説的にも人間の性質を磨き、社会の改善を促す結果につながるという自然目的論の構想を提示している。ただ、そこでは法にかなった市民的体制が実現されるだろうと述べるのみで、まだ道徳性における人間の成長について希望を与えるまでには至ってはいない。その欠けているものに目を向けたとき、『人間の歴史の憶測的始元』が興味深い視点を提示していることに人は気づくはずだ。そこでは、想像力が感覚的刺激の対象を遠ざけつつ傾向性に節度と持続性を与える働きをすることが指摘されていて、これが、「理性が衝動を支配する意識」の萌芽であると認められている(一六八頁)。この働きにより、よき趣味や、社交の基礎となる「礼節」が生まれてくるとされるのだが、重要なことは、対象を「反省的に吟味するだけの自発性」を想像力に認める視点がここにあるということである(一六九頁)。

四　想像力と共感

かくして、想像力の反省的な働きを主題とする研究が必要となってくる。その要となるテキストは言うまでもなく『判断力批判』前半、特に趣味判断の分析である。

趣味判断はいかにして成立するのであろうか。カントが描き出すその過程は、美的対象の表象に対する想像力の反省という客観的側面(認識諸能力の「自由な戯れ」)と、それによって得られる心の状態(認識諸能力の「調和」――快と感じられる)という主観的側面の二層構造において捉えられるべきである(二〇〇―二〇一頁)。想像力の反省における自由は悟性概念に従属しないという自由であり、崇高論もふまえて言うならば、時間の制約さえも廃棄するラディカルで創造的な働きである(二〇六―二〇七頁)。そこから生まれてくる快の感情は、活気づけられてエネルギッシュな心的状態の感得であり、そして快である限りにおいて主体の身体性と切り離しがたい。他方では、この感情は、誰もが同じように感ずるべきであるという普遍性の要求と一体である。趣味判断の「第二層」にはこうした規範的要求が含まれており、この要求は「共通感覚」を想定することによってのみ意味をもつことができる。けれども、カントの言う共通感覚はあくまで反省の作用から生まれる「理念」であり、目標でしかない(二三九頁)。この理念の実現を実際に促してくれるものは何なのだろうか。

『判断力批判』は、「美しい技術は[…]社交的伝達に向けて心の諸力を開化することを促進する」(四四節)と述べることでこの問題をめぐる希望のありかを示している。限られたサークル内においてにせよ、趣味判断を介した社交の楽しさが、感情が公衆に向けて方向づけられることを可能にしてくれるだろう。ただ、こうした共感の能力はさらに、「病室や罪人の獄舎」に住まう他人とさえ「共に喜び、共に苦しむ」ことができるまでに陶冶されていくべきであり、『道徳形而上学』「徳論」はこれを人間の（間接的な）義務であるとしている。これらの著作が教えてくれていることは、人間が段階的に実践理性を発展させることができるという事実であり、身体に根差した生命感情が反省を介することで伝達可能なものとなるという洞察が、この発展に参画するための鍵となるということである。「人間とは想像力と身体を介して相互作用を継続し、他人と共に時間をかけてみずからを啓蒙することのできる存在者である」（二五一頁）という認識こそわたしたちがカントから学び、継承すべき教訓なのである。

五　コメント——媒介する想像力・迷走する想像力

以上、著者の議論のあらましを見てきた。私として特に興味を惹かれるところを挙げれば、それは、理性がその未熟な水準においては想像力と分かちがたいかもしれないという見方である。カントの歴史哲学は確かにそれを示唆しているし、綜合の理論も悟性が想像力にいかに多くを負うているかを教えようとしている。発生的・発達的観点から心の諸能力を見てみることは、「善意志だけでなく、根源悪もまた理性から発芽することを［カントは］鋭敏に察知していた」（二五九頁、傍点は著者による）という著者の指摘をふまえたとき、間違いなく重要となってくるだろう。理性による感性の統御を語るだけでなく、規範的なもの（必然性や当為）の意識が感性的表象のただ中で生成してくる過程に注目することが、今なお未熟なわたしたちの時代への処方箋を探るうえで確かに必要である。

反面、想像力の自発性と規範的なものとの連関をたびたび指摘しながら、著者が思いのほかその具体相に踏みこんでいないのは残念だ。想像力の「媒介」機能を最重要と認識しているはずの本書が「純粋悟性の図式機能」と、「道徳の象徴としての美」（『判断力批判』五九節）の話題に論及していないことを指摘すれば、この不満がさほど不当でないことを分かってもらえるのではないだろうか。

図式（それは想像力の所産である）について考えることは、前概念的なものと概念的なものがどのように連関するかを考えるうえで必須であり、また両者の異質性がどこにあるかを認識する上でも有意義である。ところが、想像力のこうした真に媒介的な相に踏み込まないスタンスの結果なのか（あるいはその原因か）、演繹論に対する著者の解釈には概念の役割を軽視して想像力にすべてを帰するかのような傾向が感じられる。綜合的統一も統覚の超越論的統一も「概念における再認の綜合」（強調は高橋による）で登場するのだから、これらがどのような性格の統一であるかを考えるとき、概念の意義を顧慮しないではすまされないはずなのだが、著者は、統覚の超越論的統一において意識されているのは「想像力の「包括的綜合」の機能」であり（九六頁）、「イメージングのはたらき」（九九頁）であると言う。想像力は基本的に「盲目的な機能」（A77/B103）であって、それの主体としての自覚がほかならぬ超越論的統覚なのだと言われると、どうしても奇妙な感じがするのである。演繹論の趣旨からすれば、「わたし」は概念的思考もなしうる主体として自らを意識しているはずであり、当然カテゴリーを用いうる主体でもある。カテゴリー、経験的概念、図式といった種々の水準の規範的表象がどんな形で超越論的統覚と相関するのかを論じないと、第一批判における思考の主体がいかにして「盲目的な機能」以上のものでありえているのかをうまく伝えることができないのではないだろうか。

今最後に述べた疑問は、再認の綜合の核心である「包括的綜合」を、個別的対象の綜合よりも「時間軸において［…］切り詰められた」（五四頁）ものと解釈することが妥当かどうかという問題とも関係してくる。ブルックに従って包括的綜合は「共時的統一」をもたらす働きであるとすることに一応同意するとしても、この綜合の前に開けているのは因果的連関も含めたカテゴリー的な秩序をもつ世界であることを忘れたくない。そこでは、いわば可能的な時間軸が思考されていると言うべきではないか。包括的綜合はそれなりに時間的な厚みをもっているのではないだろうか。そして、包括的綜合がカテゴリー的秩序を含む綜合である以上、超越論的統覚において意識されている「機能」もまた、カテゴリー的で非イメージ的な構造化の機能を含むのであって、少なくとも「イメージング」の働きと同一視できるようなものではないだろう。

「道徳の象徴としての美」はさらに重要なテーマである。美と道徳的善の類似性に大きな意義を認めるカントの姿勢は、五九節だけでなく「美感的判断力の批判」の随所に示されており、『判断力批判』読解の重要な導きの糸であることは間違いない。カントが美しいものの快さをどんなものと考えているか、そして美の経験を人間社会の成熟にとって価値あるものとなぜ考えるのか、これらの問いに答えていくうえで無視できないテーマである。私の印象になるが、カントは美の快さを刺激や強い感動とは異質の、理知の要素と親和性のある比較的落ち着いた喜びとして描いており、それは崇高論においても基本的に変わらない。刺激や強い感動から距離を置けるからこそ、美の経験は道徳的心術と間接的に関係しうるのである。他方、著者は、エネルギッシュな、「身体の全体を揺るがすこの生命の感覚」こそ美的経験における感情の正体である（二二五頁）と熱く語るが、これはだいぶ性急な見立てではないだろうか。少なくとも、こうした見立ての背景の一つである著者の議論、すなわち趣味判断における「想像力の自由」を崇高論を使って説明する議論は、解明よりも混乱をもたらすものである。崇高の感情についても、そこに想像力のラディカルな自由やその寄与を見るのは誤りだと言いたい。たとえば、飾り立てられた宗教的表象や感動的な説教が与えるたぐいの熱狂――それは「無際限な想像力の躍動」である――などは「盲目的」であって崇高からほど遠く、人々を受動的にして政府がこれを御しやすくするのに役立つだけだとカントは言っている（『判断力批判』V. 272-275）。

もとより、「感情は身体を介してダイレクトに「情動感染」するのではなく、想像力のような認知的要素に下支えされることによってはじめて間主観的に伝達しうる」（八〇頁）という命題を追求する著者であるから、感情の盲目的な共有（あるいは盲目的な感情の共有）が孕むあやうさについてはしっかりと認識しているに違いない。問題は、想像力が認知的要素をもったり促進したりするのはどのような仕方でかということである。この問題を、図式や象徴のような媒介的表象の分析を視野に入れ、他方では想像力のさまざまな迷走の危険性（『人間学』三〇―三三節）に留意しつつ掘り下げたなら、著者の「想像力の哲学」は間違いなく真の深まりを見せてくれるだろう。

高橋克也氏の書評への応答

永守伸年

拙著に書評を執筆して下さった高橋克也氏に感謝の意を表したい。高橋氏の書評では（著者自身の要約よりも的確な）内容の紹介とともに、率直な疑問と明確な批判が提示されていて、著者としてもさまざまに考え直すきっかけとなった。拙著の目的は推論的思考、道徳的行為、感情の共有といった人間の規範的活動が想像力に支えられることを論証し、それによって「啓蒙の循環」からの脱却の方策を探ることにあった。対して、高橋氏の書評は、そのような「想像力の自発性と規範的なものとの連関」を論じるにあたってわたしの踏みこみが甘く、想像力の「真に媒介的な相」を看過する可能性を指摘するものである。

ここでは、書評において力点が置かれている⑴『純粋理性批判』における綜合の論点と、⑵『判断力批判』における感情の論点に焦点を絞って応答を試みたい。

1　想像力の綜合について

まず『純粋理性批判』の解釈に関しては、高橋氏は拙著の議論に「概念の役割を軽視して想像力にすべてを帰するかのような傾向」を指摘する。わたしとしては概念的思考を軽んじるつもりはなく、むしろ経験的判断が下される局面では想像力が「判断のあいだの論理的な関係」にしたがって機能する（それゆえけっして「盲目的」ではない）ことを強調してはいる（五〇―五一頁）。しかし、書評が問いかけているのは経験的判断における綜合ではなく、それに先行して想定される超越論的綜合の局面だろう。拙著では、この超越論的綜合を「包括的綜合」として解釈した。それは「一つの意識」において表象の多様を包括的かつ共時的に関係づけるような原初的機能である。他方、高橋氏は『純粋理性批判』の論述にそのような機能を読みこむだけの解釈の余地を認めつつ、「包括的綜合はそれなりに時間的な厚みをもっているのではないだろうか」と述べる。

一見すると、ここには明確な対立がある。包括的に機能する超越論的綜合が「時間的な厚みをもっている」かどうかに関する解釈の相違である。この対立の背景にあるのは、想像力の綜合とカテゴリーの関係をめぐる演繹論の古典的難問だろう。高橋氏の批判は「包括的綜合がカテゴリー的秩序を含む綜合である」こと、すなわち想像力の綜合がカテゴリー的秩序にしたがっている（あるいは、少なくともカテゴリー的秩序に「相関」する）ことを前提としている。対して、わたしはカテゴリー的秩序に先行して包括的綜合が想定されると解釈する。この解釈を支えるのは、「一つの意識」における綜合的統一は「単一性のカテゴリー」のもたらす統一からは区別されなければならず、前者は後者に先行するという演繹論の主張である（B131）。自己意識についても同様である。なるほど高橋氏の述べるとおり、通常の経験的判断においては「「わたし」は概念的思考もなしうる主体として自らを意識している」。しかし拙著が包括的綜合という機能を介して論究したのは、「概念的思考」に先行する自己意識のありようだった。そこでは「いかなる概念も持つことがない」自己意識の余地がある（A340/B398）。概念を用い、判断する主体ではなく、想像する主体の原初的自己意識の可能性である。

ただし、高橋氏もまた、カテゴリーの「適用」以前に包括的綜合が機能することには同意するかもしれない。この点について書評では、「この綜合の前に開けているのは因果的連関も含めたカテゴリー的な秩序をもつ世界であることを忘れたくない」、「そこでは、いわば可能的な時間軸が思考されていると言うべきではないか」という慎重な言葉づかいがなされている（強調は引用者）。

おそらく、これらの表現が突きつけている問題は、カテゴリー的秩序が綜合の「前に開けている」とか、綜合において「可能的な」時間軸が思考されているということの正確な意味を考えることだろう。拙著ではこの問題に関して、包括的綜合が概念的思考にただ論理的に先行するのではなく、前者が後者に目的論的に導かれているという解釈を提示した（五八頁）。目的論的解釈はディーター・ヘンリッヒとベアトリス・ロングネスの先行研究に（部分的に）依拠するものだが、簡潔に述べるならば、それは想像力の綜合を、概念的思考を実現しようとする判断力のエネルゲイア的な活動において捉えなおすものである。拙著ではこのアイデアを十分に展開することができなかったが、綜合が「「盲目的な機能」以上のものでありえている」ことを明らかにする上で、この目的論的解釈が一つの有力なアプローチになるという展望をここに示しておきたい。

2　想像力と感情について

続いて『判断力批判』の解釈に関しては、美的経験における想像力の反省作用と、この作用によって喚起される感情の捉え方が論点となる。高橋氏は美的経験が人間社会の成熟のために果たす役割を認めつつも、拙著のように「エネルギッシュな、「身体の全体を揺るがす生命の感覚」」をそこに見出すのは「性急な見立て」であると批判する。

まず、想像力の反省作用を解釈するために「崇高論」を検討するにあたっては、より緻密な議論が必要であったことは書評の指摘のとおりである。拙著では「想像力の自由」というキー・コンセプトを介して「美の分析論」と「崇高論」を連続的に捉えようと試みているが、本来、この試みを成功させるためには二つの文脈の類似だけでなく、差異に関しても議論を重ねる必要があった。ただし、想像力の反省作用によって喚起される「生命感情」については、それが高橋氏の述べる「飾り立てられた宗教的表象や感動的な説教が与えるたぐいの熱狂」から明確に区別されており、拙著においても再三その区別を指摘していることは返答しておきたい。たしかに、生命感情は「身体中のどこでも生命のあるところにはいきわたる」（『人間学』VII 154）。

しかし、たとえこの感情が「エネルギッシュな」経験を与えるとしても、それをもたらすのは認識一般を目指す悟性と想像力のあいだの「調和」である。それゆえに、生命感情は外的刺激に対する「熱狂」ではなく、主体の内的状態に対する「応答」として機能する。美的経験における主体は生命感情を手がかりとして、理性の関心に導かれたみずからの内的状態を解釈するよう促される。ここに美と道徳の結節点の一つがある。

だからこそ拙著では、超越論的統覚の理論において確立されたカントの自己意識論の観点から生命感情を捉えなおした（二三二頁）。想像力の主体はみずからの心的能力のありようを、生命感情という身体的状態を手がかりに解釈しようとする。このように身体的かつ認知的な自己意識論が『判断力批判』において展開されたというのが拙著の見立てである。この解釈を採用するならば、生命感情と熱狂の感情は「エネルギッシュな」身体的状態の類似性にもかかわらず、自己反省的、自己解釈的な契機の有無によって区別される。

ただし、趣味判断において生命感情が喚起されること、そして生命感情が共有されることは規範的な事態である。「共通感覚」にそくしてカントが述べるように、それは現実の趣味判断の主体にとっては実現されるべき理念とみなされる。この規範的な事態をいかにして社会的、歴史的に実現することができるか、という問いに応えるためには別種の探究が要求されるだろう。拙著はこの問題に取り組むために『判断力批判』の「伝達」の理論、また『道徳形而上学』の「共感」の議論等を検討しているが（二四〇―二四七頁）、少なくとも『人間学』の「社交」の記述にはいっそう慎重な検討がなされるべきだった（高橋氏の指摘するように、社交的伝達には「想像力のさまざまな迷走の危険性」も含まれるからである）。

この「迷走の危険性」を踏まえて「想像力が認知的要素をもったり促進したりするのはどのような仕方でか」を考えるためには、主体同士の相互行為の局面における想像力の作用を見きわめる必要がある。拙著では、カントの歴史哲学のエッセイを手がかりとして「欲望のいたずらな喚起ではなく、むしろ欲望のおだやかな制御に関与」する想像力の反省作用に光をあて（一六八頁）、ここに社交的伝達の基礎があると論じた。このような解釈、いわばジンメル的な想像力の解釈を『判断力批判』の伝達の理論に接続することが「想像力の哲学」の深化に寄与するといまは考えている。

あとがき

二〇一八年八月二六日に行われたカント研究会第三一九回例会（その後半に、本巻共編者の山根を含む会員三名の共訳になる、マンフレッド・キューン著『カント伝』（春風社、二〇一七年）の公開合評会が催された）の会務報告の場で、本巻の趣意書が提起され、了承された。その一節には次のようにある。「みなさまご承知のように、批判の仕事は第三批判で完結、というのがカント自身の公式見解ではありますが、素朴に言って、ではその後の仕事は何だったのか、との疑問が浮かびます。『宗教論』や『人倫の形而上学』、さらには『遺稿』といった、批判書並みの大規模かつ問題提起的な著述があるにもかかわらず、『現代カント研究』シリーズでは〔…〕まだテーマ化はされていません。「批判哲学」の展開ないし帰趨を見届けるうえでは、晩年まで行われたカントの講義の筆記録（やそれに基づいて編集された著作）を精査する作業も不可欠でありましょう。同時代の思想家、思想潮流（後期啓蒙、いわゆる通俗哲学、初期ドイツ観念論など）と対照しながら「批判」の意図を検証することも有意義でしょうし、より後代の哲学思想に「批判」の実践や実現を見出すといった試みも可能かもしれません。」

実際には、見られる通り、『遺稿』に取り組む嶋崎論文、『宗教論』への展開を論じる山下論文、カント最晩年の言わば師範代と論敵との対決を扱う山根論文のように、趣意書の提起した第三批判以降の晩年期に関わる論考が寄せられる一方で、これも趣意書が断っていたように「論究の対象ないし素材」を「一七九〇年代以降のカント（とその周辺）」に限定」することなく、むしろ、批判哲学の基点たる第一批判そのものの革新性を解明する繁田論文や、第一批判の根本主張を現代哲学の論争状況へと接続しようとする鵜澤論文や千葉論文が寄せられ、山根論文の扱う「対決」の実質も第一批判の理解に関わることをも併せ考えるならば、図らずも、「批判哲学がめざしたもの」を確認する上で、第一批判の存在感を再認識させる論集が構成されることになった。

もっとも、完成に至る道程は決して平坦でなかったことも事実である。二〇一九年春に、東京都立大学（当時の名称は首都大学東京）の南大沢キャンパス近辺で寄稿希望者による論文構想の相互批評の機会がもたれたが、その時点で見込まれていた各論考の発表日程は、コロナ禍の発生とその急激な拡大を受けた例会自体の休会に伴い延期を余儀なくされた。二〇二〇年八月末から九月前半にかけてもたれた寄稿希望者間での完全原稿の相互検討会に続き、同年九月以降に順次なされた例会での発表と討議も、すべて遠隔会議システムによるという、三五年に及ぶ歴史を刻むカント研究会として過去に例を見ない仕方で行われた。二〇二一年に入ってからも、寄稿辞退に伴う新たな寄稿希望者の公募と例会での発表討論が続いた。とはいえ、三月の第三四一回例会での三会員による発表とそれをめぐる討議に象徴されるように、例会への参加会員全員の熱意により、毎回、従来対面でなされたのと同等またはそれ以上の密度の議論が交わされ、論考の質の向上が模索されたことは明記しておきたい。また、昨年来の困難な状況下で、例会の実施に向けてあらゆる努力を惜しまれなかった世話人各位には、深甚なる謝意を表したい。

本巻にも、最近刊行された会員の著作二編の書評と著者によるそれへの応答を掲載することができた。巻末の文献目録の作成にあたっては、前巻に引き続き浜野喬士会員のご尽力を頂いた。欧文梗概はヴォルフガング・エアトル（Wolfgang Ertl）会員の校閲を経ている。皆様のご協力に深謝申し上げる。

最後になったが、カントとの対話を手がかりに哲学することを追い求め続ける私たちの活動に対して渝わらぬご理解とご支援をくださる晃洋書房の皆様に、衷心よりお礼を申し上げたい。

二〇二一年　コロナ禍二年目の秋に、武州東入間の寓居にて

第十五巻共編者　山根雄一郎

《執筆者紹介》（掲載順）

鵜澤和彦（うざわ　かずひこ）1960年生．ミュンスター大学哲学部博士課程修了．PhD（哲学）．現在，法政大学大学院人文科学研究科兼任講師．《主要著書・論文》*Einbildungskraft: Philosophische Bildtheorie bei Leibniz, Hume und Kant*（Münster (Westfalen), Univ., Diss., 2010）．「感性的概念の図式：心象の構成と判定の原理」（日本カント協会（編）『日本カント研究』13，2012年）．「カテゴリーの演繹論と図式論：超越論的真理概念をめぐって」（牧野英二（編）『新カント読本』法政大学出版局，2018年）．

繁田　歩（しげた　あゆむ）1993年生．早稲田大学大学院文学研究科博士後期課程在籍．《主要論文》"On Kant's Conception of Contradiction: As a Clear Differentiation from Baumgarten"（Camila Serck-Hanssen/ Beatrix Himmelmann (eds.): *Proceedings of the 13th International Kant Congress: The Court of Reason*, Walter de Gruyter, 2021）．"New Method for the Analytic Interpretation of Kant: Comparing Three Forms of Neo-Meinongian Readings"（*Bulletin of the Graduate Division of Letters, Arts and Sciences of Waseda University 65*, 2021）．「カントにおける「真とみなすこと」概念」（日本哲学会編『哲學』71，2020年）．

嶋崎太一（しまざき　たいち）1987年生．広島大学大学院文学研究科博士後期課程修了．博士（文学）．現在，長野工業高等専門学校一般科講師．《主要論文》「人間性への問い」（柳沼良太・行安茂・西野真由美・林泰成（編）『新道徳教育全集第2巻：諸外国の道徳教育の動向と展望』学文社，2021年）．「「物質は substantia phaenomenon である」：カント自然科学論における実体の問題」（日本カント協会（編）『日本カント研究』15，2014年）．「カント『遺稿』における philosophia naturalis と scientia naturalis について」（西日本応用倫理学研究会（編）『HABITUS』25，2021年）．

千葉清史（ちば　きよし）1972年生．ボン大学哲学部博士課程修了．PhD（哲学）．現在，早稲田大学社会科学総合学術院教授．《主要著書・論文》*Kants Ontologie der raumzeitlichen Wirklichkeit: Versuch einer anti-realistischen Interpretation der Kritik der reinen Vernunft*（Walter de Gruyter, 2012）．"Ist der Raum aktual-unendlich?: Über den Raum als „eine unendliche gegebene Größe""（Violetta Waibel/ Margit Ruffing/ David Wagner (eds.): *Natur und Freiheit: Akten des XII. Internationalen Kant-Kongresses*, Walter de Gruyter, 2018）．「超越論的観念論と反応依存性：その反-懐疑論的帰結」（『思想』1135，岩波書店，2018年）．

山下和也（やました　かずや）1965年生．ボン大学哲学部博士課程修了．PhD（哲学）．現在，愛知大学法学部教授．《主要著書》『カントと敬虔主義：カント哲学とシュ

ペーナー神学の比較』（晃洋書房，2016年）．『カントとオートポイエーシス』（晃洋書房，2019年）．

山根雄一郎（やまね　ゆういちろう）1970年生．東京大学大学院人文社会系研究科（哲学）博士課程修了，博士（文学）．現在，大東文化大学法学部教授．《主要著書・論文》『〈根源的獲得〉の哲学：カント批判哲学への新視角』（東京大学出版会，2005年）．『カント哲学の射程：啓蒙・平和・共生』（風行社，2011年）．「形而上学の「進歩」について」（『思想』1135，岩波書店，2018年）．

〈書評執筆者・応答者〉

杉 田 孝 夫（すぎた　たかお）1951年生．お茶の水女子大学名誉教授．

石 田 京 子（いしだ　きょうこ）1979年生．慶應義塾大学文学部准教授．慶應義塾大学博士（哲学）．

高 橋 克 也（たかはし　かつや）1965年生．埼玉大学教養学部教授．ジュネーブ大学博士（文学）．

永 守 伸 年（ながもり　のぶとし）1984年生．京都市立芸術大学美術学部講師．京都大学博士（文学）．

〈文献目録作成者〉

浜 野 喬 士（はまの　たかし）1977年生．明星大学教育学部（全学共通教育委員会）准教授．早稲田大学博士（文学）．

〔欧文梗概〕

Worauf hat Kants kritische Philosophie gezielt?

Anschauung und Begriff—Zur aktuellen Debatte in der theoretischen Philosophie Kants

Kazuhiko UZAWA (Tokio)

In der vorliegenden Arbeit geht es um das Verständnis des 26. Absatzes der transzendentalen Deduktion der Kategorien in der B—Version der *Kritik der reinen Vernunft*, der die Debatte über das Verhältnis zwischen Anschauung und Begriff ausgelöst hat. Ich schlage eine widerspruchsfreie Lesart des Textes vor, um den Konzeptualismus und den Nonkonzeptualismus einander annähern zu lassen. Die Lesart stützt sich auf die Mannigfaltigkeit a priori in der reinen Anschauung, die zwei Funktionsweisen der Einbildungskraft und die transzendentalen Zeitbestimmungen als Schemata für die Kategorien. Zum Schluss zeigt sich, dass die Zeitanschauung in den drei Elementen der Synthesis eine hervorragende Rolle spielt.

The Problem of Negation in Kant: How Is It Possible to Represent Absence?

Ayumu SHIGETA (Tokyo)

This study provides a new interpretation of Kant's notion of absence

symbolized as "0". Privation can be understood both as a genuine absence and as a relative decrease of something positive. While previous studies focus solely on the latter, it requires a further explanation that Kant says, "the absence of sensation at that same instant would represent that instant as empty, and hence as = 0" (A168/B209). I will demonstrate that the possibility of having a representation of 0 is underpinned by Kant's thesis of the formality of pure intuitions; as Kant puts it, "pure intuition = 0" (A166/B208).

Kant's Theory of Experience in the *Opus postumum*

Taichi SHIMAZAKI (Nagano)

Kant devoted the last part of his life to an unfinished work, so—called *Opus postumum*. In this paper, I will focus on the drafts named "Transition 1—14", in which Kant attempts to show the actuality of Ether or Caloric as a necessary condition of the possibility of experience. The unity of experience is possible only if space is filled with Ether. The condition of possible experience is not only the existence of Ether as physical matter, but also the dynamically united world—space through Ether. This theory of experience should be considered as the most important post—Critical development of Kant's transcendental philosophy.

Wie sind philosophische Erkenntnisse a priori möglich?

Kiyoshi CHIBA (Tokio)

Kant erklärt, dass ein synthetisches Urteil a priori nur durch den Nachweis bewiesen wird, dass es eine Bedingung der Möglichkeit der Erfahrung

ausmacht. Es finden sich aber in der *Kritik der reinen Vernunft* manche Aussagen, die sich nicht in dieser weise beweisen lassen, z.B. die über die Unterscheidung zwischen Anschauungen und Begriffen. Einige Interpreten behaupten, dass solche Aussagen eher empirisch gerechtfertigt werden, so dass die *Kritik der reinen Vernunft* letztendlich eine empirische Untersuchung sei. Dagegen versuche ich in dieser Abhandlung, die Apriorität der kantischen Philosophie zu verteidigen und zu erklären, wie solche Aussagen a priori gerechtfertigt werden können. Dafür greife ich auf die Idee der „rationalen Einsicht (rational insight)“ zurück, die Laurence BonJour im Bereich der analytischen Epistemologie entwickelt hat.

Die Zukunft, die Kant darstellt: Geschichte und Religion

Kazuya YAMASHITA (Nagoya)

Diese Abhandlung versucht, Kants Geschichtsphilosophie und Religionsphilosophie mit dem Begriff „Vorsehung“ zu verbinden und dadurch ein philosophisches Ziel Kants herauszuarbeiten. Der Pietist Philipp Jakob Spener stellt aufgrund des Vorsehungsgedankens die optimistische These „Hoffnung auf bessere Zeiten“ gegen den damaligen endzeitlichen Pessimismus, um die zukünftige Besserung der Kirche zu garantieren, und ermuntert die Bevölkerung, sich um die Verbesserung der Kirche zu bemühen. Kant benützt den Vorsehungsbegriff in seiner Geschichtsphilosophie, um die zukünftige Verwirklichung des Völkerbunds und die moralische Verbesserung des Menschengeschlechts zu garantieren. In seiner Religionsschrift beschreibt Kant den Fortschritt vom statutarischen Kirchenglauben zur Alleinherrschaft des moralischen reinen Religionsglaubens. Kant schreibt zwar diesen Prozess der göttlichen Vorsehung zu, aber fordert dennoch die Bemühungen der Menschen dazu. Es scheint, dass Kant, wie Spener, auf die Beförderung der

durch die Vorsehung versprochenen Zukunft abzielt.

Zwei Kant-Schüler über den kritischen Begriff „a priori“

Yuichiro YAMANE (Tokio)

Bekanntlich hat Herder 1799 in seiner *Metakritik* seinen ehemaligen Lehrer zu kritisieren versucht. Als jüngerer und treuerer Schüler hat dann Kiesewetter sie zwecks der Verteidigung des kritischen Denkens bis ins Einzelne „geprüft“, was auch der alte Kant durchaus anerkannt zu haben scheint (vgl. XII 315). In diesem Beitrag setze ich mich im Rahmen solcher interpretatorischen Gegensätze mit diesen beiden Stellungnahmen zu dem von Kant als „kritisch“ charakterisierten Begriff „a priori“ auseinander, um zu verdeutlichen, dass es sich bei dessen Durchsetzung um ein Ziel der kritischen Philosophie handelt. Kiesewetter dürfte erkannt haben, dass bei der Rechtfertigung desselben der erst 1790 in Kants Publikationen benutzte, aus dem Naturrechtsgedanken stammende Begriff „ursprüngliche Erwerbung“ (VIII 221) eine große Rolle spielen muss, ohne dass er diesen allerdings erwähnt hätte.

事項・人名・文献索引（Ⅰ～Ⅵ章）

【事項索引】

〈あ　行〉

〈か　行〉

〈さ　行〉

〈た　行〉

〈な　行〉

〈は　行〉

〈ま・や行〉

〈ら・わ行〉

【人名索引】

〈ら　行〉

【文献索引】

日本におけるカント文献目録（2017-2019年）（抄）

浜野喬士／カント研究会編

注記：本文献目録は二〇一七年一月一日から二〇一九年一二月三一日の間に刊行されたカント関連の学術的文献を収録している（抄録）.

Ⅰ：カント自身の著作の日本語訳

Ⅰ―1：単行本

刊行なし.

Ⅰ―2：雑誌・紀要・単行本掲載翻訳

〈2019〉

「翻訳：カント「オプス・ポストゥムム」第十束，第十九紙葉，一頁―四頁（AA XXII 409.11-421.30）」（内田浩明，田中美紀子訳），『神戸女子大学文学部紀要』52，神戸女子大学，2019.3，pp. 143-157.

Ⅱ：カントに関する研究文献

Ⅱ―A：研究書（単行本）

〈2017〉

相原　博『カントと啓蒙のプロジェクト：『判断力批判』における自然の解釈学』，法政大学出版局，2017.11，288p.

序論／第１章：『理性の他者』と「自然の解釈学」／第２章：趣味判断と自然美の象徴的理解／第３章：崇高の判断と自然の他者性／第４章：目的論的判断と自然の自立性／第５章：啓蒙のプロジェクトと「自然の解釈学」／結論

板生郁衣，カリニコフ，L.A.『カントは今，ロシアに生きる：哲学ルポ』，銀の鈴社，2017.4，187p.

第１章：カントに恋して／第２章：カントは今，ロシアに生きる／資料：カリニコフ教授の原文

金　慧『カントの政治哲学：自律・言論・移行』，勁草書房，2017.8，221p.

第Ⅰ部：カントの政治哲学／第一章：移行をめぐる三つの議論／第二章：理性の公共的使用から公開性へ／第三章：言論の自由と抵抗権／第四章：政治的自律とその条件／第五章：世界市民法の構想／第Ⅱ部：カントと現代／第六章：政治的判断とは何か：判断力と構想力をめぐるカントとアーレント／第七章：みずからを尊重するということ：自己尊重をめぐるカントとロールズ／第八章：永遠平和と進歩の思想：国際社会の秩序構想をめぐるカントとハーバーマス

熊野純彦『カント：美と倫理とのはざまで』，講談社，2017.1，306p.

美とは目的なき合目的性である：自然は惜しみなく美を与える／美しいものは倫理の象徴である：美への賛嘆は宗教性をふくんでいる／哲学の領域とその区分について：自然と自由あるいは道徳法則／反省的判断力と第三批判の課題：美と自然と目的とをつなぐもの／崇高とは無限のあらわれである：隠れた神は自然のなかで顕現する／演繹の問題と経験を超えるもの：趣味判断の演繹と趣味のアンチノミー／芸術とは「天才」の技術である：芸術と自然をつなぐものはなにか／音楽とは一箇の「災厄」である：芸術の区分と，第三批判の人間学的側面／「自然の目的」と「自然目的」：自然の外的合目的性と内的合目的性／目的論的判断力のアンチノミー：反省的判断力の機能と限界について／「究極的目的」と倫理的世界像：世界はなぜこのように存在するのか／美と目的と，倫理とのはざまで：自然神学の断念と反復をめぐって

鈴木　宏『カントの批判哲学の教育哲学的意義に関する研究』，風間書房，2017.11，269p.

第１部：道徳教育論を主軸としたカントの教育哲学の再定位／第２部：カントの教育哲学と周辺思想家との関係性の検討／第３部：カントの批判哲学と教育哲学

田之頭一知『美と藝術の扉：古代ギリシア，カント，そしてベルクソン』，萌書房，2017.3，203p.

第１章：自然哲学者とソフィスト／第２章：プラトン／第３章：アリストテレス／第４章：カント／第５章：ベルクソン

冨田恭彦『カント哲学の奇妙な歪み：『純粋理性批判』を読む』，岩波書店，2017.1，218p.

第１章：論理空間が奇妙に歪んでいる：自然主義の伏流／第２章：物自体はどこから来たのか：仮説的視点の劣化／第３章：カントはいわゆる「一般観念」をこのように考えた：図式論の理解のために／第４章：「無限判断」とは言うものの：伝統的論理学のよくない使い方／第５章：自然科学なのに無理に形而上学のふりをして：『純粋理性批判』の背面の論理

冨田恭彦『カント入門講義：超越論的観念論のロジック』，ちくま学芸文庫，筑摩書房，2017.3，317p.

第１章：カント略伝／第２章：なぜ「物自体」vs「表象」なのか？／第３章：解かなければならない問題／第４章：コペルニクス的転回／第５章：「独断のまどろみ」から醒めて／第６章：主観的演繹と図式論／第７章：アプリオリな総合判断はいかにして可能か／第８章：魅力と謎

広瀬悠三『カントの世界市民的地理教育：人間形成論的意義の解明』，ミネルヴァ書房，2017.3，409p.

第１部：経験的な働きかけによる道徳的行為の促進／第２部：カントの地理教育の人間形成論的意義／第３部：カントの地理教育の発展：新たな啓蒙と世界市民的教育へ向かって

八木雄二『カントが中世から学んだ「直観認識」：スコトゥスの「想起説」読解』，知泉書館，2017.8，194p.

1：スコトゥスの視座／2：想起する能力は感覚的か知性的か／3：抽象と直観の区別／4：知性のうちの記憶と想起／5：異論への回答

〈2018〉

網谷壮介『カントの政治哲学入門：政治における理念とは何か』，白澤社，現代書館，2018.2，206p.

第1章：自由の権利：法のもとでの自由とは何か／第2章：社会契約論：国家の設立は義務である／第3章：共和主義の理念と制度／第4章：永遠平和のために：国際法と世界市民法

網谷壮介『共和制の理念：イマヌエル・カントと一八世紀末プロイセンの「理論と実践」論争』，法政大学出版局，2018.8，372p.

第1章：理論と実践――プロイセンの論争／第2章：自由の権利／第3章：私法から公法へ／第4章：共和制の理念／第5章：執行する法論としての政治／第6章：人民の抗議と共和主義

石川　求『カントと無限判断の世界』，法政大学出版局，2018.4，258p.

序章：いま「無限判断」とは／第1章：無限判断をめぐる格闘――もう一つの西洋哲学史／第2章：カントが残した謎の「段落」／第3章：ヘーゲルか，カントか／第4章：私を公に分かつ／第5章：世界市民主義へ／第6章：世界とはなにか／終章：理性の「光」から離れて

神原陸男『音楽科における「感性の育成」の意義：カント哲学における「構想力（想像力）の謎」の探究結果を核とした哲学的音楽教育学試論』，MALC出版，2018.10，287p.

近堂　秀『『純粋理性批判』の言語分析哲学的解釈：カントにおける知の非還元主義』，晃洋書房，2018.2，232p.

序論／第1部：現代哲学における『純粋理性批判』解釈の問題／第2部：心の哲学としての超越論的心理学／第3部：意味の理論としての超越論的論理学／結論

鈴木文孝『カントとその先行者たちの哲学：西洋近代哲学とその形成および関連論考』，以文社，2018.11，261p.

第1編：西洋近代哲学とその形成／第2編：カント哲学研究論考抄

高田明宜『希望としてのカント：恒久平和のために』，日本経済評論社，2018.11，266p.

第1部：カント思想における三つのメタ理論／第2部：恒久平和論の礎としてのカント哲学／第3部：恒久平和のためにカントが人間に求めたもの

冨田恭彦『カント批判：『純粋理性批判』の論理を問う』，勁草書房，2018.8，296p.

第1章：「独断のまどろみ」からの不可解な「覚醒」――「唯一の原理」への奇妙な道筋／第2章：ロックの反生得説とカントの胚芽生得説――カントが言うほどカントとロックは違うのか？／第3章：カントはロックとヒュームを超えられたのか？――アプリオリ化の実像／第4章：そもそも「演繹」は必要だったのか？――自身の「経験」概念の絶対化／第5章：判断とカテゴリーの恣意的な扱い――カントの隠れ自然主義／第6章：空間の観念化とその代償――議論の浅さとその不整合の意味するもの

中島義道『カントの「悪」論』，講談社，2018.9，286p.

第1章：自然本性としての自己愛／第2章：道徳法則と「誠実性の原理」／第3章：自由による因果性／第4章：悪への自由・悪からの自由

松本和彦『カントの批判的法哲学』，慶應義塾大学出版会，2018.8，872p.

第1部：カント法哲学の継受史，影響史，解釈史および批判哲学における法論の体系的位置づけ／第2部：カント法哲学の超越論的・批判的性格

御子柴善之『カント哲学の核心：『プロレゴーメナ』から読み解く』，NHK出版，2018.9，286p.

第1章：「序文」からカントの自負を読む／第2章：「緒言」からカントの問い方を読む――『プロレゴーメナ』校訂の問題／第3章：「数学」がどうして可能なのかを問うてみる――感性論は論理学の外部／第4章：「自然科学」がどうして可能なのかを問うて

みる――超越論的論理学とは／第５章：コペルニクス的転回の射程／第６章：独断論的な形而上学を批判する／第７章：理性の限界を見定める／第８章：カント自身の「答え」を確認する

〈2019〉

石井郁男『カントの生涯：哲学の巨大な貯水池』，水曜社，2019.9，165p.

偉大な哲学者カントとは，何者なのか？／祖先はバイキングだった？／ケーニヒスベルクは，どんな町か？／母が教えた「神の創造」とは何か？／ギムナジウムで何を学んだのか？／カントは，大学で何を学んだのか？／家庭教師で何を準備したのか？／私講師でどのような花が開いたのか？／「星雲説」で世間を驚かせた／地理講座は，なぜ人気の的だったのか？／大陸合理論とイギリス経験主義の論争に決着をつけた／認識のコペルニクス的転回／三批判書がカント哲学の完成である／世界に永久平和を実現しよう！

石田京子『カント　自律と法：理性批判から法哲学へ』，晃洋書房，2019，239p.

第１部：法と道徳／第２部：自由にもとづく法のアプリオリな体系

大森一三『文化の進歩と道徳性：カント哲学の「隠されたアンチノミー」』，法政大学出版局，2019.2，218p.

第１章：批判哲学におけるアンチノミー概念の再検討／第２章：文化と道徳とのアンチノミー／第３章：教育における「自由と強制とのアンチノミー」／第４章：法における「自立と平等とのアンチノミー」／第５章：宗教における「宗教共同体と倫理的共同体とのアンチノミー」

斎藤拓也『カントにおける倫理と政治：思考様式・市民社会・共和制』，晃洋書房，2019.7，368p.

序論／第１部：自然状態の原因／第２部：市民社会と啓蒙／第３部：共和制への漸進的改革の諸相／結論：「市民社会」が自らを変容させうる諸条件について

鈴木文孝『カントに学ぶ自我の哲学：カントの批判哲学と自我論および関連論考』，以文社，2019.5，231p.

第１部：カントの批判哲学と自我論／第２部：The Critical Philosophy of Immanuel Kant and His Theory of the Ego／第３部：カント哲学と荷風文学とのはざまで

寺田俊郎『どうすれば戦争はなくなるのか：カント『永遠平和のために』を読み直す』，現代書館，2019.7，221p.

序章：なぜいま『永遠平和のために』か／第１章：永遠平和のための条約／第２章：永遠平和への鍵としての世界市民／第３章：永遠平和の実現につきまとう困難／第４章：永遠平和への道としての哲学／終章：『永遠平和のために』と日本国憲法

永守伸年『カント未成熟な人間のための思想：想像力の哲学』，慶応義塾大学出版会，2019.9，292p.

序論／第１部：想像力と理論理性／第２部：想像力と実践理性／第３部：想像力と『判断力批判』／結論：想像力の哲学

山下和也『カントとオートポイエーシス』，晃洋書房，2019.8，202p.

第１章：オートポイエーシス論／第２章：理性と認識システム／第３章：批判と二つの視点／第４章：自我とシステム／第５章：感覚と撹乱／第６章：カテゴリーと概念コード／第７章：物自体と認識システムの環境／第８章：超越論的観念論とラディカル構成主義／第９章：超越論的自由と自律性

Ⅱ―Ｂ：単行本所収論文・章

〈2017〉

安藤　馨　「もしみんながそれをしたらどうなるか」，『3.11後の「公共」とカント：Kant

in Fukushima』, 日本カント研究18, 日本カント協会編, 知泉書館, 2017.7, pp. 54-72.
五十嵐涼介「判断はどのように対象と関わるか：カントにおける単称判断とその意味論」,『3.11後の「公共」とカント：Kant in Fukushima』, 日本カント研究18, 日本カント協会編, 知泉書館, 2017.7, pp. 121-133.
稲岡大志　「ライプニッツ的空間はいかにして構成されるか？：クラーク宛第5書簡104節における「抽象的空間」をめぐって」,『3.11後の「公共」とカント：Kant in Fukushima』, 日本カント研究18, 日本カント協会編, 知泉書館, 2017.7, pp. 90-104.
植村恒一郎「『位置解析』の前に立つカント：『方位論文』の切り拓いたもの」,『3.11後の「公共」とカント：Kant in Fukushima』, 日本カント研究18, 日本カント協会編, 知泉書館, 2017.7, pp. 105-120.
大橋容一郎「現代の公共性とカント：カントとともにあるものへの問題提起として」,『3.11後の「公共」とカント：Kant in Fukushima』, 日本カント研究18, 日本カント協会編, 知泉書館, 2017.7, pp. 9-23.
長田蔵人　「カントの「事象性」と「感覚印象」の理論：スコトゥス的観点からの再検討」,『3.11後の「公共」とカント：Kant in Fukushima』, 日本カント研究18, 日本カント協会編, 知泉書館, 2017.7, pp. 134-147.
小野原雅夫「〈3.11〉後の「公共」とカント的公共性との闘い」,『3.11後の「公共」とカント：Kant in Fukushima』, 日本カント研究18, 日本カント協会編, 知泉書館, 2017.7, pp. 38-51.
蔵田伸雄　「同じ山に異なる側から登る：パーフィットの定言命法理解をめぐって」,『3.11後の「公共」とカント：Kant in Fukushima』, 日本カント研究18, 日本カント協会編, 知泉書館, 2017.7, pp. 73-88.
渋川優太　「『判断力批判』における自然の体系的統一と合目的性」,『3.11後の「公共」とカント：Kant in Fukushima』, 日本カント研究18, 日本カント協会編, 知泉書館, 2017.7, pp. 161-175.
舟場保之　「手続きとしての公表性がもつポテンシャリティ」,『3.11後の「公共」とカント：Kant in Fukushima』, 日本カント研究18, 日本カント協会編, 知泉書館, 2017.7, pp. 24-37.
山蔦真之　「「生の哲学」としてのカント哲学：批判哲学における「快」と「生」」,『3.11後の「公共」とカント：Kant in Fukushima』, 日本カント研究18, 日本カント協会編, 知泉書館, 2017.7, pp. 148-160.

〈2018〉
相原　博　「『判断力批判』における「自然の技巧」の体系的意義：解釈学的観点から」,『新・カント読本』, 牧野英二編, 法政大学出版局, 2018.2, pp. 209-220.
石田京子　「永遠平和と世界市民主義：国家を超える正義」,『新・カント読本』, 牧野英二編, 法政大学出版局, 2018.2, pp. 310-320.
伊藤邦武　「パースとカント：プラグマティズムとカテゴリー論」,『新・カント読本』, 牧野英二編, 法政大学出版局, 2018.2, pp. 233-236.
犬竹正幸　「自然哲学と自然の形而上学：カント自然哲学の変遷」,『新・カント読本』, 牧野英二編, 法政大学出版局, 2018.2, pp. 237-247.
植村恒一郎「身体と時間・空間論：「直観の形式」と非ユークリッド幾何学」,『新・カント読本』, 牧野英二編, 法政大学出版局, 2018.2, pp. 123-138.
宇佐美公生「カントの正義論と人権論の射程」,『新・カント読本』, 牧野英二編, 法政大学

出版局，2018.2，pp. 297-309.
鵜澤和彦　「カテゴリーの演繹論と図式論：超越論的真理概念をめぐって」，『新・カント読本』，牧野英二編，法政大学出版局，2018.2，pp. 139-149.
大橋容一郎「新カント学派とは：歴史的再検証」，『新・カント読本』，牧野英二編，法政大学出版局，2018.2，pp. 164-167.
大森一三　「純粋理性宗教と歴史的信仰の相克：『宗教論』と「隠されたアンチノミー」の存在」，『新・カント読本』，牧野英二編，法政大学出版局，2018.2，pp. 182-195.
長田蔵人　「「常識」の概念とカントの思想形成：ドイツ啓蒙思想とスコットランド啓蒙思想からの影響」，『新・カント読本』，牧野英二編，法政大学出版局，2018.2，pp. 95-106.
小野原雅夫「道徳法則と法の定言命法：『人倫の形而上学』と倫理学の課題」，『新・カント読本』，牧野英二編，法政大学出版局，2018.2，pp. 168-181.
オルバーグ，ジェレミア「ルソー，カント，訓練」，『カントとフランス哲学』，日本カント研究19，日本カント協会編，知泉書館，2018.7，pp. 8-25.
加藤尚武　「カントとヘーゲル：「観念論」の再検討」，『新・カント読本』，牧野英二編，法政大学出版局，2018.2，pp. 121-125.
加藤泰史　「『オプス・ポストゥムム』のコンテクスト：遺稿著作はカント最晩年の思想か？」，『新・カント読本』，牧野英二編，法政大学出版局，2018.2，pp. 248-264.
城戸　淳　「英米圏のカント研究：経験論の伝統」，『新・カント読本』，牧野英二編，法政大学出版局，2018.2，pp. 21-32.
蔵田伸雄　「カント倫理学と生命倫理：「人間の尊厳」という価値」，『新・カント読本』，牧野英二編，法政大学出版局，2018.2，pp. 267-278.
河野哲也　「カントとエコロジカルな心の問題」，『新・カント読本』，牧野英二編，法政大学出版局，2018.2，pp. 293-296.
小谷英生　「道徳と“幸福であるに値すること”：カントは幸福にいかなる価値を認めたのか」，『哲学の体系性』，現代カント研究14，カント研究会，中野裕考，山蔦真之，浜野喬士編，晃洋書房，2018.7，pp. 86-109.
小谷英生，菅沢龍文「カント年譜：物語風に」，『新・カント読本』，牧野英二編，法政大学出版局，2018.2，pp. 347-364.
近堂　秀　「超越論的記号論と価値の超越論的論証：シェーンリッヒとコースガード」，『新・カント読本』，牧野英二編，法政大学出版局，2018.2，pp. 336-346.
佐藤慶太　「ヴォルフの形而上学とその批判者たち：十八世紀後半ドイツにおける形而上学の展開」，『新・カント読本』，牧野英二編，法政大学出版局，2018.2，pp. 107-120.
佐藤慶太　「『純粋理性批判』第一版における「超越論的哲学」の構想：ランベルト，テーテンスにおける「超越的」を踏まえて」，『哲学の体系性』，現代カント研究14，カント研究会，中野裕考，山蔦真之，浜野喬士編，晃洋書房，2018.7，pp. 22-43.
佐藤慶太　「テーテンス『人間本性とその展開について哲学的試論』の読解に基づく『純粋理性批判』「演繹論」の一解釈」，『カントとフランス哲学』，日本カント研究19，日本カント協会編，知泉書館，2018.7，pp. 58-72.
杉村靖彦　「「第二の根源悪」？：悪の問いから見た「カントと現代フランス哲学」」，『カントとフランス哲学』，日本カント研究19，日本カント協会編，知泉書館，2018.7，pp. 40-56.

高木　駿　「趣味判断における不快の感情の生成：カント美学と醜さ」，『カントとフランス哲学』，日本カント研究19，日本カント協会編，知泉書館，2018.7，pp. 121-137.
高田珠樹　「カントとハイデガー：心の闇を前にして」，『新・カント読本』，牧野英二編，法政大学出版局，2018.2，pp. 205-208.
辻麻衣子　「テーテンス・ルネサンスとカント：「三重の総合」に見る経験心理学への態度」，『カントとフランス哲学』，日本カント研究19，日本カント協会編，知泉書館，2018.7，pp. 73-87.
円谷裕二　「『判断力批判』における超越論的哲学の新たな可能性：反省的判断力の根源性」，『新・カント読本』，牧野英二編，法政大学出版局，2018.2，pp. 221-232.
円谷裕二　「カントとメルロ＝ポンティ：世界概念と反省的判断力をめぐって」，『カントとフランス哲学』，日本カント研究19，日本カント協会編，知泉書館，2018.7，pp. 26-39.
中島義道　「カントと悪の問題：人間はなぜ現に悪を為してしまうのか」，『新・カント読本』，牧野英二編，法政大学出版局，2018.2，pp. 196-204.
中野裕考　「超越範疇「一」「真」「善」を手引きに批判哲学の体系的連関を解釈する試み」，『哲学の体系性』，現代カント研究14，カント研究会，中野裕考，山蔦真之，浜野喬士編，晃洋書房，2018.7，pp. 1-21.
中村信隆　「カント倫理学において尊厳の概念は重要な役割を担うのか―― O・ゼンセンによるカント解釈の検討を通して」，『カントとフランス哲学』，日本カント研究19，日本カント協会編，知泉書館，2018.7，pp. 138-152.
永守伸年　「ヒュームとカントの信頼の思想」，『信頼を考える：リヴァイアサンから人工知能まで』，小山虎編，勁草書房，2018.7，pp. 25-52.
野家啓一　「カント歴史哲学と物語り論：高坂正顕・坂部恵を導きの糸に」，『新・カント読本』，牧野英二編，法政大学出版局，2018.2，pp. 321-324.
浜野喬士　「カントにおける天才概念の体系的位置づけ」，『哲学の体系性』，現代カント研究14，カント研究会，中野裕考，山蔦真之，浜野喬士編，晃洋書房，2018.7，pp. 64-85.
平出喜代恵「カントにおける人間の尊厳と人間性の尊厳」，『カントとフランス哲学』，日本カント研究19，日本カント協会編，知泉書館，2018.7，pp. 153-169.
舟場保之　「コミュニケーション論の現代的意義：カントとハーバーマス」，『新・カント読本』，牧野英二編，法政大学出版局，2018.2，pp. 325-335.
牧野英二　「グローバル化時代の新たなカント像」，『新・カント読本』，牧野英二編，法政大学出版局，2018.2，pp. iii-xv.
牧野英二　「漢字文化圏のカント研究：その受容史と意義および課題」，『新・カント読本』，牧野英二編，法政大学出版局，2018.2，pp. 56-70.
松本大理　「カント倫理学と討議倫理学：格率の主観的吟味と相互主観的吟味」，『カントとフランス哲学』，日本カント研究19，日本カント協会編，知泉書館，2018.7，pp. 90-103.
三谷尚澄　「カントにおける生と死の倫理学：有限な理性の奇妙な運命」，『新・カント読本』，牧野英二編，法政大学出版局，2018.2，pp. 279-292.
宮﨑裕助　「フランス語圏のカント受容：「人間」以後の超越論哲学の行方」，『新・カント読本』，牧野英二編，法政大学出版局，2018.2，pp. 3-20.
望月俊孝　「夏目漱石とカント：理性批判の世界反転光学」，『新・カント読本』，牧野英二編，法政大学出版局，2018.2，pp. 89-92.
山蔦真之　「批判哲学における善と美：『判断力批判』における「崇高」と「美」」，『哲学

の体系性』，現代カント研究14，カント研究会，中野裕考，山蔦真之，浜野喬士編，晃洋書房，2018.7，pp.44-63.

湯浅正彦　「『純粋理性批判』の自由論：自由の＜時機＞としての「いま」」，『新・カント読本』，牧野英二編，法政大学出版局，2018.2，pp.150-163.

嘉目道人　「討議倫理学におけるフィヒテ的アプローチ：「当事者性」と「普遍」を手掛かりとして」，『カントとフランス哲学』，日本カント研究19，日本カント協会編，知泉書館，2018.7，pp.104-120.

〈2019〉

秋元康隆　「人の弱さと不純について：いかなる意味でそれは悪なのか」，『カントと理念の問題』，日本カント研究20，日本カント協会編，日本カント協会，2019.12，pp.1-10.

長田蔵人　「カントの存在論的証明批判」，『カントと理念の問題』，日本カント研究20，日本カント協会編，日本カント協会，2019.12，pp.11-20.

繁田　歩　「「矛盾」概念の再検討：カントと二角形の問題」，『カントと理念の問題』，日本カント研究20，日本カント協会編，日本カント協会，2019.12，pp.21-30.

滝沢正之　「カントの認識論における判断とその対象」，『カントと理念の問題』，日本カント研究20，日本カント協会編，日本カント協会，2019.12，pp.54-66.

髙田　太　「カント宗教的著述群における批判哲学のスタンスについて」，『カントと理念の問題』，日本カント研究20，日本カント協会編，日本カント協会，2019.12，pp.81-94.

冨田恭彦　「拙著『カント哲学の奇妙な歪み』補遺：〈胚芽生得説〉は所期の目的を達成したか」，『カントと理念の問題』，日本カント研究20，日本カント協会編，日本カント協会，2019.12，pp.67-78.

半澤孝麿　「自由意志論思想史上のカント」，『回想のケンブリッジ：政治思想史の方法とバーク，コールリッジ，カント，トクヴィル，ニューマン』，みすず書房，2019.5，pp.167-186.

松本長彦　「カントの理論哲学に於ける超越論的理念について」，『カントと理念の問題』，日本カント研究20，日本カント協会編，日本カント協会，2019.12，pp.43-52.

宮村悠介　「カント倫理学と徳の理念の問題」，『カントと理念の問題』，日本カント研究20，日本カント協会編，日本カント協会，2019.12，pp.33-42.

山下和也　「カントとシュペーナー：批判哲学と敬虔主義神学」，『カントと理念の問題』，日本カント研究20，日本カント協会編，日本カント協会，2019.12，pp.95-104.

Ⅱ－C：雑誌・紀要掲載論文

〈2017〉

秋保　亘　「ドゥルーズ『差異と反復』における「個体化」論の構造：カントの超越論哲学との対比を中心に」，『哲学』139，三田哲學會，2017.3，pp.1-28.

有吉弘樹　「カントの「政治地理学」：予備的考察」，『産大法学』50（1・2），京都産業大学法学会，2017.1，pp.281-303.

池田裕輔　「オイゲン・フィンクの現象学的カント解釈について（前編）」，『立命館哲学』28，立命館大学哲学会，2017.3，pp.61-85.

石川　駿　「カント法哲学における義務と強制」，『哲学世界（別冊）』9，早稲田大学大学院文学研究科人文科学専攻哲学コース，2017.2，pp.23-35.

石田雄一　「ドイツ語の森（67）：“Grenze” について：ドイツ騎士修道会からカントの批判哲学まで」，『白門』69（1），中央大学通信教育部，2017.1，pp.26-33.

伊野　連　「カント『純粋理性批判』における超越論的反省概念」，『埼玉学園大学紀要：人間学部篇』17，埼玉学園大学，2017.12．pp. 13-21.

犬竹正幸　「カントの批判哲学とパラダイム論」，『人文・自然・人間科学研究』38，拓殖大学人文科学研究所，2017.10，pp. 1-15.

上江洲基　「カントの『人類の歴史の臆測的起源』についての一考察：『聖書』引用に見えるカントの「原罪観」の解釈をめぐって」，『名桜大学総合研究』26，名桜大学総合研究所，2017.3，pp. 31-43.

上田穂積　「カントを楽しんで読めますか？：村上春樹「1973年のピンボール」」，『徳島文理大学比較文化研究所年報』33，徳島文理大学比較文化研究所年報編集委員会，2017.3，pp. 1-12.

上田穂積　「なぜ青年はカントを読むのか？：村上春樹『1973年のピンボール』における弁証法の問題」，『徳島文理大学研究紀要』93，徳島文理大学研究紀要編集委員会，2017.3，pp. 1-14.

内田浩明　「『エーネジデムス』とカント：『オプス・ポストゥムム』を視野に入れ」，『大阪工業大学紀要』61（2），大阪工業大学紀要委員会，2017.1，pp. 13-25.

大庭大輝　「北昤吉の哲学研究：ベルクソンと新カント派をめぐって」，『史境』73，歴史人類学会，2017.3，pp. 26-46.

Ertl, Wolfgang「Home of the Owl? Kantian Reflections on Philosophy at University」，『*Tetsugaku : International Journal of the Philosophical Association of Japan*』1, The Philosophical Association of Japan，2017.4，pp. 107-123.

大橋容一郎「新カント学派と近代日本：桑木厳翼と三木清を手がかりとして」，『思想』1118，岩波書店，2017.6，pp. 130-147.

小川　潔，岡田大爾「体罰意識調査における道徳性の自己形成に関する研究：倫理学・法学的アプローチによる道徳的判断力の育成を通して」，『広島国際大学教職教室教育論叢』9，広島国際大学心理科学部教職教室，2017.12．pp. 115-125.

小川吉昭　「超越論的原理における形式と質料：カントとエーベルハルトの間」，『県立広島大学人間文化学部紀要』12，県立広島大学，2017.3，pp. 41-55.

尾崎賛美　「自己意識から自己認識へ：カントにおける二重化された自我の問題」，『哲学世界（別冊）』9，早稲田大学大学院文学研究科人文科学専攻哲学コース，2017.2，pp. 37-49.

尾崎賛美　「カントにおける自己意識の問題：統覚の作用からの考察」，『早稲田大学総合人文科学研究センター研究誌』5，早稲田大学総合人文科学研究センター，2017.10，pp. 77-107.

小田部胤久「カント『判断力批判』における〈範例性〉をめぐって：paradeigma/exemplar をめぐる小史」，『美学藝術学研究』35，東京大学大学院人文社会系研究科・文学部美学芸術学研究室，2017.3，pp. 157-205.

笠井　哲　「カントにおける「自己意識と自由」について」，『研究紀要』58，福島工業高等専門学校，2017.12，pp. 87-92.

川谷茂樹　「体育・スポーツをかく語りき：哲学と歴史からの未来の思想への提言（1）カント哲学とスポーツの倫理：法則・提言命法・崇高」，『体育の哲学』67（1），杏林書院，2017.1，pp. 50-53.

河村克俊　「前批判期カントの自由概念：発展史的考察」，『外国語外国文化研究』17，関西学院大学，2017.3，pp. 47-98.

河村克俊　「カントにおける充足根拠律の変容」，『言語と文化』20，関西学院大学言語教育研究センター紀要委員会，2017.3，pp. 53-71.

川本　隆　「人格の尊厳とは何か：カントとエンゲルハートとの対話」，『東洋大学大学院

紀要』，東洋大学大学院，2017.3，pp. 61-74.

加藤泰史　「尊厳概念史の再構築に向けて：現代の論争からカントの尊厳概念を読み直す」，『思想』1114，岩波書店，2017.2，pp. 8-33.

北尾宏之　「カント『道徳形而上学の基礎づけ』の研究（2）：第一章の研究」，『立命館文學』651，立命館大学人文学会，2017.3，pp. 719-731.

桐原隆弘　「人間の共生はいかにして可能か？：「市民的人格性」および「人間性・人類」をめぐるカントと日本の哲学的倫理学との対話に向けて」，『下関市立大学論集』61（1），下関市立大学学会，2017.5，pp. 111-135.

菊池理夫　「「共通善の政治学」と社会契約論（7・完）：ヒュームの社会契約論批判とカントの社会契約論」，『南山法学』40（2），南山大学法学会，2017.1，pp. 157-187.

熊谷英人　「フィヒテにおける代表制と監督官：ルソー，カント，シェイエスとの比較から」，『明治学院大学法学研究』103，明治学院大学法学会，2017.8，pp. 131-174.

近堂　秀　「「思考する私」の権威：カントの自己意識論を手がかりにして」，『法政哲学』13，法政哲学会，2017.3，pp. 1-11.

齋藤宜之　「内化する複数性：アーレントのカント解釈」，『中央大学文学部紀要』267，中央大学文学部，2017.2，pp. 77-104.

坂本武憲　「序論：カントの演繹的行為規範学（14）」，『専修法学論集』129，専修大学法学会，2017.3，pp. 97-159.

坂本武憲　「序論：カントの演繹的行為規範学（15）」，『専修法学論集』130，専修大学法学会，2017.7，pp. 89-144.

坂本武憲　「序論：カントの演繹的行為規範学（16）」，『専修法学論集』131，専修大学法学会，2017.11，pp. 55-119.

佐藤牧子　「『享楽主義者マリウス』に描かれた「宗教の第四局面」とカントの宗教哲学」，『日本女子大学英米文学研究』52，日本女子大学英語英文学会，2017.3，pp. 31-46.

繁田　歩　「超越論的見地におけるカントの「意義」概念：カテゴリーの意味論的内容の究明」，『哲学世界（別冊）』9，早稲田大学大学院文学研究科人文科学専攻哲学コース，2017.2，pp. 51-67.

嶋崎太一　「動力学的力と力学的力：カントの力の理論」，『HABITUS』21，西日本応用倫理学研究会，2017.3，pp. 27-42.

下城　一　「ヘーゲルの『法哲学』：その成立の背景（10）：外編：「ライプニッツ，カントの力の概念」」，『横浜国立大学教育人間科学部紀要（Ⅲ）：社会科学』19，横浜国立大学教育人間科学部，2017.2，pp. 26-52.

瀬戸一夫　「カントが区別する〈認識〉の文法的性について（1）」，『成蹊法学』86，成蹊大学法学会，2017.6，pp. 112-164.

瀬戸一夫　「カントが区別する〈認識〉の文法的性について（2）」，『成蹊法学』87，成蹊大学法学会，2017.12，pp. 90-146.

銭谷秋生　「カント『道徳形而上学の基礎づけ』と理性の事実」，『秋田大学教養基礎教育研究年報』19，秋田大学教育推進総合センター，2017.3，pp. 1-11.

髙木裕貴　「カント道徳哲学における人間性概念の諸相」，『実践哲学研究』40，京都倫理学会，2017.11，pp. 1-26.

高畑菜子　「カント倫理学成立史における「判定」と「執行」」，『東北哲学会年報』33，東北哲学会，2017.3，pp. 35-49.

武笠桃子　「ドイツ観念論と音楽」，『東京女子大学紀要論集』68（1），東京女子大学，2017.9，pp. 125-142.

田中綾乃　「アートの公共性：芸術と社会を媒介するアートマネージメント」,『人文論叢』34, 三重大学人文学部文化学科, 2017.3, pp.49-57.
塚野慧星　「カントの「歓待の権利」に内在する植民地主義の視点について」,『教養基礎学研究』15, 九州大学大学院人間環境学府教育哲学・教育社会史研究室, 2017.3, pp.33-46.
土屋　創　「カントにおける「道徳的心構え」と「理性信仰」」,『東京大学大学院教育学研究科紀要』56, 東京大学大学院教育学研究科, 2017.3, pp.307-315.
寺崎賢一　「カント哲学の立場から道徳教育と文学教育の在り方を考える：国語教育は道徳教育と結合して哲学教育へと展開する」,『早稲田大学国語教育研究』37, 早稲田大学国語教育学会, 2017.3, pp.57-64.
鳥越覚生　「単なる色彩は美しいか？：カントとショーペンハウアーの哲学的色彩論」,『ショーペンハウアー研究』22, 日本ショーペンハウアー協会, 2017.10, pp.87-96.
長野順子　「カントにおける美醜の判断：生活感覚からの検証という視点」,『武庫川女子大学生活美学研究所紀要』27, 武庫川女子大学生活美学研究所, 2017.12, pp.59-73.
中村　涼　「カント倫理学における道徳的関心」,『哲学世界（別冊）』9, 早稲田大学大学院文学研究科人文科学専攻哲学コース, 2017.2, pp.107-118.
中本幹生　「美と善：完全性の美学, カント, シラー」,『哲学論文集』53, 九州大学哲学会, 2017.9, pp.91-109.
西田雅弘　「カントの教育概念：歴史哲学の視角から」,『下関市立大学論集』60（3）, 下関市立大学学会, 2017.3, pp.143-152.
野上玲子　「オリンピックにおける「人間の尊厳」とその平和構想に関する哲学的探究：カント哲学の人間観に着目して」,『日本体育大学スポーツ科学研究』6, 日本体育大学総合スポーツ科学研究センター, 2017.5, pp.1-9.
野上玲子　「体育・スポーツをかく語りき：哲学と歴史からの未来の思想への提言（9）：カント平和思想はスポーツに実践されるか」,『体育の哲学』67（9）, 杏林書院, 2017.9, pp.633-637.
福田俊章　「道徳そのものへの懐疑と道徳的原理の正当化：カント『基礎づけ』第三章の評価をめぐって（2）」,『比較文化研究』129, 日本比較文化学会, 2017.12, pp.163-173.
古川裕朗　「カントの趣味論における「論争」する権利：実感的理解に向けて」,『現象学年報』33, 日本現象学会, 2017.11, pp.93-100.
牧野英二　「カント哲学と平和の探究：日本における永遠平和論の研究とその課題」,『法政大学文学部紀要』74, 法政大学文学部, 2017.3, pp.1-20.
道下拓哉　「「根源的獲得」概念の再検討：カント理論哲学における「アプリオリ」の考察」,『哲学世界（別冊）』9, 早稲田大学大学院文学研究科人文科学専攻哲学コース, 2017.2, pp.119-130.
南翔一朗　「カントの宗教哲学における倫理的公共体と義務としての最高善の促進：宗教哲学から社会哲学への移行とその問題」,『基督教学研究』36, 2017.3, pp.67-80.
平野健一郎「文化による紛争世界への対抗：カント『永遠平和の為に』を平戸から読み直す」,『インターカルチュラル：日本国際文化学会年報』15, 日本国際文化学会, 2017.3, pp.10-21.
松本長彦　「カント「美的判断力の批判」の一考察（2）」,『愛媛大学法文学部論集：人文学編』43, 愛媛大学法文学部, 2017.9, pp.1-19.

見附陽介　「カント倫理学の社会化における自由と身体：センのロールズ批判を手掛かりに」，『倫理学年報』66，日本倫理学会，2017.3，pp. 85-98.
宮村悠介　「カントの理念論の生成：『形式と原理』から『純粋理性批判』へ」，『愛知教育大学研究報告：人文・社会科学編』66，愛知教育大学，2017.3，pp. 63-71.
村上吉男　「ヴェーユ感受性研究（7）：カントにみる感性とは何か（その2）」，『欧米の言語・社会・文化』23，新潟大学大学院現代社会文化研究科「欧米の言語・社会・文化の総合的研究」プロジェクト班，2017.3，pp. 69-109.
望月俊孝　「物自体が触発する？：カント超越論的観念論の真景」，『国際社会研究：福岡女子大学国際文理学部紀要』6，福岡女子大学国際社会研究編集委員会，2017.2，pp. 55-75.
本橋晴香　「カントの物自体の妥当性：空間時間論及び二重触発論の立場から」，『哲学会誌』41，学習院大学哲学会，2017.5，pp. 73-91.
森　哲彦　「カント実践理性批判論考」，『名古屋市立大学大学院人間文化研究科人間文化研究』28，名古屋市立大学大学院人間文化研究科，2017.7，pp. 91-107.
森　哲彦　「カント批判哲学とヤスパース論考」，『名古屋市立大学大学院人間文化研究科人間文化研究』28，名古屋市立大学大学院人間文化研究科，2017.7，pp. 109-123.
八木　緑　「カントにおける義務と目的論」，『人文論究』67（2），関西学院大学人文学会，2017.9，pp. 81-97.
山口意友　「カント『教育学講義』における「人間性」と「人格性」について」，『論叢：玉川大学教育学部紀要』17，玉川大学教育学部，2017.12，pp. 81-99.
米田　恵　「カントにおける〈法の道徳からの独立〉と〈法の道徳への依存〉の整合性」，『メタフュシカ』48，大阪大学大学院文学研究科哲学講座，2017.12，pp. 75-88.
渡邉英之　「カント『判断力批判』による美術教育の基底論」，『京都精華大学紀要』50，京都精華大学，2017.3，pp. 21-42.

〈2018〉

青井興太郎「道徳性の象徴としての崇高：カント象徴論の新たな可能性」，『関西学院哲学研究年報』52，関西学院大学哲学研究室，2018.3，pp. 65-88.
五十嵐涼介「カント論理学の形式的分析（1）」，『哲学論叢』45，京都大学哲学論叢刊行会，2018.11，pp. 16-30.
五十嵐涼介「カント論理学の形式的分析（2）」，『哲学論叢』45，京都大学哲学論叢刊行会，2018.11，pp. 31-46.
池田裕輔　「オイゲン・フィンクの現象学的カント解釈について（後編）」，『立命館哲学』29，立命館大学哲学会，2018.3，pp. 51-79.
池田裕輔　「オイゲン・フィンクの世界の超越論的現象学：カントおよび後期フッサールとの〈近さと隔たり〉」，『東京大学大学院人文社会系研究科・文学部哲学研究室論集』37，東京大学大学院人文社会系研究科，2018.3，pp. 18-37.
出雲　孝　「カント『法論』における著作権の萌芽：「出版権（Verlagsrecht）」を巡る議論を中心に」，『情報学研究』27，朝日大学，2018.3，pp. 1-19.
出雲　孝　「近世自然法論における有償・無償契約概念の形成史：グロチウスからカントまでにおける消費貸借の位置付けを中心に」，『朝日法学論集』50，朝日大学法学会，2018.9，pp. 25-56.
板橋将馬　「アランの哲学の独創性と三つの「時間」」，『文学研究論集』49，明治大学大学院，2018.9，pp. 35-47.
伊藤敦広　「フンボルト陶冶論における「人間」の地位：初期思想から比較人間学計画へ」，

『作新学院大学女子短期大学部研究紀要』2，作新学院大学女子短期大学部，2018.12，pp.1-10.
伊野　連　「カント『純粋理性批判』「無限判断」について：アカデミー版における改訂をめぐって」，『埼玉学園大学紀要：人間学部篇』18，2018.12，pp.1-11.
岩井拓朗　「「観念論論駁」に基づくカント的自己認識論の考察」，『哲学』69，日本哲学会，2018.4，pp.155-169.
植村恒一郎「ライプニッツの形而上学的空間：カントの「孤独な片手」から顧みる」，『哲学雑誌』132（804:805），2018.11，pp.23-39.
内田浩明　「フィヒテの『知識学への第二序論』とカント」，『フィヒテ研究』26，日本フィヒテ協会，2018.11，pp.37-47.
榎本庸男　「カントにおける悪と聖なるもの」，『関西学院哲学研究年報』52，関西学院大学哲学研究室，2018.3，pp.134-148.
大久保美花「共通感覚としての新感覚：カント『純粋理性批判』が照射する横光利一『花園の思想』の新たな相貌」，『情報コミュニケーション研究論集』14，明治大学大学院，2018.2，pp.1-21.
大橋容一郎「桑木厳翼における「新」カント主義と「新カント学派」：リールとヴィンデルバントによる心理主義の超克」，『思想』1126，岩波書店，2018.2，pp.105-126.
大橋容一郎「文化主義の帰趨：新カント学派の哲学と「文化主義」」，『思想』1135，2018.11，pp.220-238.
大林信治　「ミシェル・フーコーのカント受容：批判の一つの系譜」，『名古屋学院大学論集：社会科学篇』55（2），名古屋学院大学総合研究所，2018.10，pp.1-49.
尾崎賛美　「自己知の体系的統一：カントの批判哲学をてがかりに」，『哲学世界』41，早稲田大学大学院文学研究科人文科学専攻哲学コース，2018.2，pp.27-40.
角田修一　「人間の自由と社会的意識形態としての自由主義（4）：ホッブズからマルクスへ（4）：カントの自由論とマルクス」，『立命館経済学』67（2），立命館大学経済学会，2018.7，pp.143-166.
笠井　哲　「カント哲学における「人間性の発展」について」，『研究紀要』59，福島工業高等専門学校，2018.12，pp.103-110.
蒲生諒太　「ミシェル・フーコーの道徳思想に関する予備調査：『人間学』序論におけるカント理解とフーコーの領域」，『教職課程年報』1，同志社女子大学教職課程年報編集委員会，2018.1，pp.63-85.
川上洋平　「啓蒙と政治：カント，ハーバーマス，フーコー」，『専修大学法学研究所所報』56，2018.2，pp.1-15.
城戸　淳　「無限と性格：カントの遺稿の自由論」，『思想』1135，2018.11，pp.29-42.
小井沼広嗣「ヘーゲルにおける幸福の問題：カントの「最高善」への対応を視角として」，『法政哲学』14，法政哲学会，2018.3，pp.1-12.
小平健太　「美学理論の解釈学的解体：カント美学と解釈学における構想力の問題」，『現象学年報』34，日本現象学会，2018.11，pp.111-118.
小谷英生　「政治に対する道徳の優位：いわゆる『嘘論文』におけるカントのコンスタン批判について」，『群馬大学教育学部紀要：人文・社会科学編』67，群馬大学教育学部，2018.1，pp.77-86.
小谷英生　「カントとコモンセンス」，『思想』1135，2018.11，pp.43-61.
後藤弘志　「朝永三十郎『カントの平和論』における人格概念の射程」，『ぷらくしす』19，広島大学文学部倫理学教室，2018.3，pp.33-41.
坂本武憲　「序論：カントの演繹的行為規範学（17）」，『専修法学論集』132，専修大学法学会，2018.3，pp.1-55.

坂本武憲　「序論：カントの演繹的行為規範学（18）」，『専修法学論集』133，専修大学法学会，2018.7，pp.1-47.
坂本武憲　「序論：カントの演繹的行為規範学（19・完）」，『専修法学論集』134，専修大学法学会，2018.11，pp.1-55.
櫻井真文　「フィヒテの『知識学への第二序論』におけるカントの精神の継承」，『フィヒテ研究』26，日本フィヒテ協会，2018.11，pp.27-36.
佐藤恒徳　「世界論とは何か：増山浩人『カントの世界論』合評会の質疑から」，『Moralia』25，東北大学倫理学研究会，2018.10，pp.13-24.
繁田　歩　「カント認識論における「超越論的肯定」の意義：神話の出発点としての所与性」，『早稲田大学総合人文科学研究センター研究誌』6，早稲田大学総合人文科学研究センター，2018.10，pp.175-187.
芝田英昭　「人間の尊厳とは何か」，『立教大学コミュニティ福祉研究所紀要』6，立教大学コミュニティ福祉研究所，2018.11，pp.21-31.
渋山昌雄　「道徳原理のア・プリオリ性について：カントにおける道徳性の教育的可能性」，『東筑紫短期大学研究紀要』49，東筑紫短期大学，2018.3，pp.179-190.
嶋崎太一　「カントの『オプス・ポストゥムム』における運動の永遠性について」，『HABITUS』22，西日本応用倫理学研究会，2018.3，pp.49-63.
清水雄大　「初期フーコーにおけるカント『人間学』の解釈について：ハイデガーの『カントと形而上学の問題』との比較を通じて」，『言語社会』12，一橋大学大学院言語社会研究科，2018.3，pp.89-103.
菅沢龍文　「世界平和と基本的人権，その指標としての「訪問権」：カントによる世界市民権概念について」，『法政大学文学部紀要』76，法政大学文学部，2018.3，pp.13-31.
鈴木正見　「サルトルのカント的障壁について：ジェイムスンとジジェク」，『大正大學研究紀要』103，大正大学，2018.3，pp.215-232.
須田　朗　「経験の形而上学：カント哲学講読（2）」，『人文研紀要』91，中央大学人文科学研究所，2018.9，pp.97-129.
瀬戸一夫　「純粋理性批判の秘密コード：理性批判とは何をすることであったのか」，『思想』1135，2018.11，pp.126-142.
瀬戸一夫　「カントの諸空間一般（3）承前」，『成蹊法学』89，成蹊大学法学会，2018.12，pp.128-154.
高橋克也　「カントの「x」とヘリゲルの「それ」」，『理想』700，2018.3，pp.49-63.
滝沢正之　「カントの様相論」，『理想』700，2018.3，pp.64-81.
竹山重光　「穏やかな憂鬱：カント理解のためのノート」，『紀要』47，和歌山県立医科大学教養部，2018.6，pp.13-39.
田邉俊明　「強制的国際立憲主義の問題点と非武装平和主義の展望：カント，ハーバーマスと日本国憲法第9条の政治哲学」，広島市立大学広島平和研究所，2018.3，pp.81-107.
田原彰太郎「なぜ道徳は哲学を必要とするのか：イマヌエル・カントの場合」，『フィロソフィア』105，早稲田大学哲学会，2018.3，pp.103-120.
千葉清史　「「物自体」とア・プリオリ：冨田恭彦氏のカント批判によせて」，『アルケー：関西哲学会年報』26，関西哲学会，2018.6，pp.1-14.
千葉清史　「超越論的観念論と反応依存性：その反－懐疑論的帰結」，『思想』1135，2018.11，pp.143-159.
千葉　建　「カント倫理学において意志の弱さはいかにして可能か」，『哲学・思想論叢』36，筑波大学哲学・思想学会，2018.1，pp.38-26.

塚野慧星　「〈道徳を教える者〉の条件：カントの思想を手がかりにして」,『教養基礎学研究』16, 九州大学大学院人間環境学府教育哲学・教育社会史研究室, 2018.3, pp. 71-78
土屋　創　「道徳教育における「自律」概念に関する一考察：カントの「最高善」概念に着目して」,『東京大学大学院教育学研究科紀要』58, 東京大学大学院教育学研究科, 2018.3, pp. 159-166.
円谷裕二　「カントの超越論的哲学からアーレントの政治哲学へ：根源悪と人権概念をめぐって」,『哲学年報』77, 九州大学大学院人文科学研究院, 2018.3, pp. 1-24.
寺田俊郎　「「カントに政治哲学があるか」という問いをめぐって」,『思想』1135, 2018.11, pp. 6-28.
冨田恭彦　「チャリティーの果てに：お答えと敷衍」,『アルケー：関西哲学会年報』26, 関西哲学会, 2018.6, pp. 15-27.
豊泉清浩　「ヤスパースにおけるカント理解に関する一考察：道徳的行為との関連において」,『文教大学教育学部紀要』52, 2018.12, pp. 49-61.
鳥越覚生　「ショーペンハウアーの苦悩の共同：カントとシュヴァイツァーを参照して」,『宗教学研究室紀要』15, 京都大学文学研究科宗教学専修, 2018.12, pp. 3-22.
長坂真澄　「超限と無限：カント及びカントールを経由するラズロ・テンゲリのフッサール論」,『宗教哲学研究』35, 宗教哲学会, 2018.4, pp. 90-103.
長坂真澄　「構想力と無限：フランス語圏の現象学におけるカント哲学の現象学的再構築」,『哲学論集』47, 上智大学哲学会, 2018.10, pp. 37-54.
長沼　淳　「デカルトとカントに見る意志の自由について」,『I'nexus』1, 異文化情報ネクサス研究会, 2018.12, pp. 62-67.
中野裕考　「概念主義論争とカントの知覚論」,『お茶の水女子大学人文科学研究』14, お茶の水女子大学, 2018.3, pp. 99-107.
中村　涼　「カント倫理学における「理性の事実」」,『哲学世界：別冊』10, 早稲田大学大学院文学研究科人文科学専攻哲学コース, 2018.2, pp. 41-54.
中村　涼　「カント批判哲学における関心の概念」,『早稲田大学総合人文科学研究センター研究誌』6, 早稲田大学総合人文科学研究センター, 2018.10, pp. 327-337.
中本幹生　「アクティブラーニングにおける主体的な知識構成：カントの哲学および教育論との関わり」,『宮崎産業経営大学教職課程年報』12, 宮崎産業経営大学教職課程運営委員会, 2018.3, pp. 1-8.
西田雅弘　「カント世界市民主義の現代的意義：道徳的な「世界市民」という理念」,『下関市立大学論集』62（2）, 下関市立大学学会, 2018.9, pp. 59-68.
西村拓生　「国家と哲学の間の教育, あるいはカントと西田の間で」,『近代教育フォーラム』27, 教育思想史学会, 2018.9, pp. 12-16.
野上玲子　「オリンピックの平和構想に関する実践哲学：イマヌエル・カントの哲学を手掛かりとして」,『体育哲学年報』48, 日本体育学会体育哲学専門領域運営委員会編集担当, 2018.3, pp. 21-26.
檜垣良成　「カントにおける可能性と現実性の実在的区別：神の直観的知性の問題」,『哲学・思想論集』43, 筑波大学人文社会科学研究科哲学・思想専攻, 2018.3, pp. 154(23)-139(38).
檜垣良成　「influxus physicus をめぐって」,『Moralia』25, 東北大学倫理学研究会, 2018.10, pp. 25-39.
檜垣良成　「カント道徳法則の具体性：神の意志と人間の意志」,『哲学』70, 広島哲学会, 2018.11, pp. 41-60.
檜垣良成　「綜合的判断と実在性：カントによる分析的/綜合的の区別の成立」,『思想』

1135，2018.11，pp. 160-178.
平出喜代恵「カントにおける道徳的理想としての人間性概念」，『倫理学年報』67，日本倫理学会，2018.3，pp. 119-133.
平出喜代恵「カントにおける自己への信頼」，『倫理学研究』48，関西倫理学会，2018.7，pp. 67-78.
福田俊章　「仮言命法の可能性と目的-手段連関：カント『基礎づけ』第二章における道徳的強制の問題」，『比較文化研究』132，日本比較文化学会，2018.7，pp. 99-110.
藤本　忠　「数理科学とカント哲学の可能性」，『思想』1135，2018.11，pp. 179-196.
桝潟弘市　「カントを読む：「人間とはなんであるか」をめぐって」，『紀要』17，藤女子大学キリスト教文化研究所，2018.3，pp. 59-91.
増山浩人　「「怠惰な理性」と「転倒した理性」：『証明根拠』と『純粋理性批判』におけるカントの自然神学批判」，『哲学』53，北海道大学哲学会，2018.1，pp. 7-25.
増山浩人　「『カントの世界論』を読み直す：三重野・佐藤・檜垣への応答」，『Moralia』25，東北大学倫理学研究会，2018.10，pp. 40-60.
眞次浩司　「人間学としての道徳の研究：Ⅰ．カントの人間学を手掛かりにして」，『倉敷市立短期大学研究紀要』61，倉敷市立短期大学，2018.3，pp. 73-82.
松本大理　「カントの実践哲学における「経験」について」，『哲学』53，北海道大学哲学会，2018.1，pp. 43-59.
三浦隆宏　「嘘にとり憑かれた政治と〈感覚〉の狂い：デリダ，アーレント，カントの三叉路」，『椙山女学園大学研究論集：人文科学篇』49，椙山女学園大学，2018.3，pp. 65-74.
御子柴善之「「道徳性」概念の再検討：カントの世界市民主義との関係において」，『早稲田大学大学院文学研究科紀要』63，早稲田大学大学院文学研究科，2018.3，pp. 1316-1303.
御子柴善之「カント義務論と「自己自身に対する義務」の問題」，『思想』1135，2018.11，pp. 80-93.
道下拓哉　「カントの形式主義という問題：我々の認識において形式が重視される理由について」，『哲学世界：別冊』10，早稲田大学大学院文学研究科人文科学専攻哲学コース，2018.2，pp. 55-69.
南　孝典　「事物からではなく世界から思考すること：フィンクのカント論に関する一考察」，『唯物論研究年誌』23，大月書店，2018.10，pp. 170-192.
武蔵義弘　「カントと進化論」，『千葉大学大学院人文公共学府研究プロジェクト報告書』331，千葉大学大学院人文公共学府，2018.2，pp. 71-81.
村上吉男　「ヴェーユ感受性研究（8）：カントにみる感性とは何か（その3）」，『欧米の言語・社会・文化』24，新潟大学大学院現代社会文化研究科「欧米の言語・社会・文化の総合的研究」プロジェクト班，2018.3，pp. 39-61.
村田貴信　「カントの真理論：実践哲学との関係における」，『山陽小野田市立山口東京理科大学紀要』1，山陽小野田市立山口東京理科大学，2018.3，pp. 41-50.
森　禎徳　「「人格の共同体」としての目的の国：カント実践哲学に対する批判的再評価の試み」，『フィヒテ研究』26，日本フィヒテ協会，2018.11，pp. 65-78.
森　祐亮　「人間形成における「媒体」としての範例：G・ブックのカント解釈」，『教育哲学研究』118，教育哲学会，2018.11，pp. 74-92.
森田美芽　「キェルケゴールの愛の義務論：カントと比較して」，『桃山学院大学キリスト教論集』53，2018.1，pp. 1-23.
八木　緑　「カント倫理学における「人間の目的」の意義について」，『倫理学研究』48，関西倫理学会，2018.7，pp. 79-89.

八鍬収治　「イマヌエル・カント著『永遠平和のために』を読んで：現代政治の欺瞞を糺すカントのリアリティー」,『福音と社会』57（6）, 2018.2, pp. 64-73.
矢島　正　「これからの学校教育を考える（11）：〈主体的・対話的で深い学び〉とはどういうことか：(3) カント〈自己内対話〉とヘーゲル〈対象外対話〉」,『群馬の思想・文学・教育』2018,「思想文化方法論」の会, 2018.3, pp. 86-107.
山形泰之　「カント哲学における宗教的自覚について：宗教と倫理に関する一考察」,『国際情報研究』14（1）, 日本国際情報学会, 2017.12, pp. 84-94.
山蔦真之　「欲望と道徳法則：ジャック・ラカンによるカント倫理学」,『思想』1135, 2018.11, pp. 62-79.
山根雄一郎「ドイツ観念論の対岸にて：カントの「根源的獲得」論の行方」,『理想』700, 2018.3, pp. 37-48.
山根雄一郎「形而上学の「進歩」について」,『思想』1135, 2018.11, pp. 109-125.
山本和久　「風化の美学：カント芸術論からのアプローチ」,『学び舎：教職課程研究』13, 愛知淑徳大学教育学会, 2018.3, pp. 86-97.
湯浅正彦　「「第二序論」について」,『フィヒテ研究』26, 日本フィヒテ協会, 2018.11, pp. 12-26.
米田　恵　「カント法哲学における「道徳性」の近代的意義」,『待兼山論叢：哲学篇』52, 大阪大学大学院文学研究科, 2018.12, pp. 37-53.
李　舜志　「ベルナール・スティグレールにおける啓蒙の代補について：カント『啓蒙とは何か』読解に着目して」,『研究室紀要』44, 東京大学大学院教育学研究科基礎教育学研究室, 2018.7, pp. 161-170.
渡邉夏歩　「カントにおける絶対的自発性の探究：自由論解釈のために」,『哲学世界：別冊』10, 早稲田大学大学院文学研究科人文科学専攻哲学コース, 2018.2, pp. 71-83.
渡邉倬郎　「カント批判哲学における「判断力」について：規定的判断力と反省的判断力」,『哲学と教育』65, 2018.3, pp. 57-76.

〈2019〉
青井興太郎「〈形成する力〉としての自然：カントの自然目的論を手がかりとして」,『関西学院哲学研究年報』53, 関西学院大学哲学研究室, 2019.3, pp. 55-75.
荒井正雄　「カント批判哲学における「判断力」について：規定的判断力と反省的判断力」,『哲学と教育』67, 愛知教育大学哲学会, 2019.1, pp. 11-20.
有吉弘樹　「カントの政治思想における世界知と判断力」,『産大法学』53（1）, 京都産業大学法学会, 2019.4, pp. 1-31.
安道健大郎「『否定弁証法』におけるアドルノのカント批判：「衝動」を契機とする「自律」概念に注目して」,『教育哲学研究』119, 教育哲学会, 2019.3, pp. 57-74.
飯島　暢　「緊急避難のカント主義的な基礎づけの可能性」,『法政研究』85（3/4）, 九州大学法政学会, 2019.3, pp. 401-424.
板倉圭佑　「デリダ歓待論におけるカント的展望」,『法学政治学論究：法律・政治・社会』119, 慶應義塾大学大学院法学研究科内『法学政治学論究』刊行会, 2019.2, pp. 503-534.
伊野　連　「カント『純粋理性批判』の「無限判断」と「無限」をめぐる誤解：カント, コーヘン, エルトマン」,『大学院紀要』56, 東洋大学大学院, 2019.1, pp. 53-66.
伊野　連　「ハイデガーによるカント批難の是非：新旧〈超越論的統覚論〉の真意」,『埼玉学園大学紀要. 人間学部篇』, 埼玉学園大学, 2019.12, pp. 13-23.

犬竹正幸　「批判哲学の成立におけるカント力学論の意義」，『人文・自然・人間科学研究』42，拓殖大学人文科学研究所，2019.10，pp. 1-17.
植村恒一郎「人間の身体の美しさについて：バーク，カント，そしてシラーへ」，『群馬県立女子大学紀要』40，群馬県立女子大，2019.2，pp. 23-37.
岡本雅克　「クライスト，カント，世阿弥：ハインリヒ・フォン・クライスト『マリオネット芝居について』試論」，『言語と文化』16，法政大学言語・文化センター，2019.1，pp. 49-66.
尾崎賛美　「カントの自己認識論における自己触発：注意作用に着目して」，『フィロソフィア』107，早稲田大学哲学会，2019.3，早稲田大学哲学会，pp. 134-136.
笠井　哲　「カントの『形而上学講義』における神学論の意義について」，『研究紀要』60，福島工業高等専門学校，2019.3，pp. 67-74.
河村克俊　「カントの二律背反論」，『外国語外国文化研究』18，関西学院大学法学部外国語研究室，2019.1，pp. 1-72.
北尾宏之　「カント『道徳形而上学の基礎づけ』の研究（3）：第二章の研究（その1）」，『立命館文學』662，立命館大学人文学会，2019.3，pp. 735-744.
熊野純彦　「思想の言葉：カントとヘーゲルのあいだ」，『思想』1137，岩波書店，2019.1，pp. 2-5.
木場智之　「原理と反省：カント平和論，第二確定条項の理解を目指して」，『一橋研究』44（1），一橋研究編集委員会，2019.4，pp. 17-33.
九鬼一人　「リッカートの〈しなやかな合理性〉：新カント学派と人間の総体性」，『理想』703，2019.10，pp. 48-57.
工藤顕太　「欲望と享楽の倫理学：カント・フロイト・ラカン」，『早稲田大学大学院文学研究科紀要』64，早稲田大学大学院文学研究科，2019.3，pp. 821-836.
権　安理　「自由論：学生の自由から考えるバーリンとカント」，『まなびあい』12，立教大学コミュニティ福祉学会運営委員会事務局，2019.10，pp. 128-132.
齋藤直樹　「『美の理論』における「芸術作品の内在的合目的性」に関する一考察：アドルノによるカント解釈の批判的検討を介して」，『比較文化研究』29，盛岡大学社会文化学会，2019.3，pp. 45-58.
繁田　歩　「カント研究における言語哲学の役割」，『哲学世界』42，早稲田大学大学院文学研究科人文科学専攻哲学コース，2019.3，pp. 39-53.
渋山昌雄　「道徳と法：カントの法論をてがかりに」，『東筑紫短期大学研究紀要』50，東筑紫短期大学，2019.3，pp. 227-237.
嶋崎太一　「「ソクラテス式問答」と道徳教育：カントの教育方法学」，『HABITUS』23，西日本応用倫理学研究会，2019.3，pp. 50-66.
下城　一　「ヘーゲルの『法哲学』：その成立の背景（12）：外編3：カントのライプニッツ哲学批判」，『横浜国立大学教育学部紀要（Ⅲ）：社会科学』2，横浜国立大学教育学部，2019.2，pp. 78-100.
城下健太郎「カントの刑罰的正義論」，『法政研究』86（3），九州大学法政学会，2019.12，pp. 205-225.
新川信洋　「カントのコスモポリタン論における公開性の概念と経営倫理学の接点」，『日本経営倫理学会会誌』26，日本経営倫理学会，2019.2，pp. 191-201.
鈴木崇夫　「カントによる神秘主義批判と日本的自己」，『清泉女子大学人文科学研究所紀要』40，清泉女子大学人文科学研究所，2019.3，pp. 76-66.
鈴木　宏　「「消極的平和」の枠を越えた平和教育の原理の探究：カントの平和論を手がかりに」，『教育学研究』86（2），日本教育学会，2019.10，pp. 275-286.
須田　朗　「ハイデガーとリアリティー問題（その1）：カントとハイデガー」，『人文研紀

要』94，中央大学人文科学研究所，2019.9，pp. 151-173.
瀬戸一夫　「カントの諸空間一般（4）：承前」，『成蹊法学』90，成蹊大学法学会，2019.6，pp. 197-222.
瀬戸一夫　「カントの諸空間一般（5）：承前」，『成蹊法学』91，成蹊大学法学会，2019.12，pp. 193-206.
銭谷秋生　「カントにおける「理性の事実」と自由」，『総合研究』7，ノースアジア大学総合研究センター，2019.3，pp. 149-163.
髙木裕貴　「カント道徳哲学における社交論の意義：礼儀作法がいかにして他者を道徳化するのか」，『社会思想史研究：社会思想史学会年報』43，藤原書店，2019.9，pp. 87-105.
高田明宜　「眼前の不正義に抗するために：カントの道徳哲学をたよりに」，『社会科学ジャーナル』86，国際基督教大学，2019.3，pp. 55-74.
武笠桃子　「ウィーン古典派音楽とカントの「綜合判断」」，『東京女子大学紀要論集』70（1），東京女子大学，2019.9，pp. 65-86.
田中綾乃　「カント哲学における“Kultur”概念の射程」，『人文論叢：三重大学人文学部文化学科研究紀要』36，三重大学人文学部文化学科，2019.3，pp. 35-43.
田中公一朗「PLUR：カントの「思想」と EDM」，『平和研究』51，早稲田大学出版部，2019.6，pp. 1-17.
土屋　創　「道徳教育における「自律」概念に関する一考察：カントの「最高善」概念に着目して」，『東京大学大学院教育学研究科紀要』58，東京大学大学院教育学研究科，2019.3，pp. 159-166.
長坂真澄　「想像力が向かう無限とその痕跡：カント『判断力批判』のデリダによる読解から」，『京都ユダヤ思想』10，京都ユダヤ思想学会，2019.6，pp. 36-65.
中野愛理　「倫理的公共体は最高善であるか」，『哲学』143，三田哲学会，2019.3，pp. 85-111.
中野愛理　「Can Kant's Ethics Involve the Idea of Divine Grace?」，『エティカ』12，慶應義塾大学倫理学研究会，2019.12，pp. 25-56.
中村　涼　「カント倫理学におけるア・プリオリな実践的総合命題」，『哲学世界』42，早稲田大学大学院文学研究科人文科学専攻哲学コース，2019.3，pp. 55-68.
中村　涼　「道徳的行為への積極的意欲：カント倫理学の再検討」，『早稲田大学総合人文科学研究センター研究誌』7，早稲田大学総合人文科学研究センター，2019.12，pp. 213-222.
西岡尚也　「スマホ社会における地図学習の課題：カントの地理教育から手描き地図の意義を考える」，『大阪商業大学教職課程研究紀要』3（1），2019.12，pp. 57-65.
馬場靖人　「「経験的＝超越論的二重体」としての色盲者：J・シュティリングのカント主義的生理学と仮性同色表」，『表象・メディア研究』9，早稲田表象・メディア論学会，2019.3，pp. 17-34.
林　克樹　「カントにおける実践理性の法的要請：「理性の事実」からの演繹」，『文化學年報』68，同志社大学文化学会，2019.3，pp. 37-57.
福田俊章　「目的設定の自由と人間の尊厳：内的自由の不可侵性再論」，『比較文化研究』136，日本比較文化学会，2019.7，pp. 193-205.
ブルスミス，クリストファー「アインシュタインの時空とカントの絶対空間論」，『跡見学園女子大学文学部紀要』54，跡見学園女子大学文学部，2019.3，pp. 17-24.
星野　太　「感性的対象としての数：カント，宮島達男，池田亮司」，『現代思想』47（15），青土社，2019.12，pp. 188-196.
保呂篤彦　「カントにおける「宗教」と「信仰」に関する準備的考察」，『哲学・思想論叢』

37，2019.1，筑波大学哲学・思想学会，pp. 28-41.

増山浩人　「「怠惰な理性」と「転倒した理性」：『証明根拠』と『純粋理性批判』におけるカントの自然神学批判」，『哲学』53，北海道大学哲学会，2019.1，pp. 7-25.

松本大理　「カントの実践哲学における「経験」について」，『哲学』53，北海道大学哲学会，2019.1，pp. 43-59.

松本長彦　「カント「美的判断力の批判」の一考察（三）」，『愛媛大学法文学部論集．人文学編』47，愛媛大学法文学部，2019.9，pp. 1-23.

村上吉男　「ヴェーユ感受性研究（9）：カントにみる感性とは何か（その4）」，『欧米の言語・社会・文化』25，新潟大学大学院現代社会文化研究科「欧米の言語・社会・文化の総合的研究」プロジェクト班，2019.3，pp. 69-99.

水島徳彦，阿部悟郎「スポーツ行為の内的契機に関する検討：カントの理性概念を手がかりに」，『体育哲学年報』50，日本体育学会体育哲学専門領域運営委員会編集担当，2019.3，pp. 21-29.

道下拓哉　「カントにおけるヌーメノンの位相の変移とその理由」，『哲学世界：別冊』11，早稲田大学大学院文学研究科人文科学専攻哲学コース，2019.3，pp. 15-27.

南翔一朗　「カントの宗教哲学における神義論の問題」，『基督教学研究』38，京都大学基督教学会，2019.3，pp. 125-139.

宮川大河　「カントの感性論における時間の優位」，『哲学会誌』43，学習院大学哲学会，2019.5，pp. 1-23.

武蔵義弘　「カントにおける絵画の位階」，『千葉大学大学院人文公共学府研究プロジェクト報告書』342，千葉大学大学院人文公共学府，2019.2，pp. 61-68.

八木　緑　「カントにおける実践哲学の目的論性」，『関西学院哲学研究年報』53，関西学院大学哲学研究室，2019.3，pp. 39-53.

山形泰之　「カントとシュライアマハーの神観の比較から：信仰に関する一考察」，『国際情報研究』16（1），日本国際情報学会，2019.12，pp. 78-87.

山口祐弘　「哲学のイデアリスムスと存在の理念：カントとヘーゲル」，『思想』1144，岩波書店，2019.8，pp. 86-104.

山下和也　「カントにおける正戦論」，『一般教育論集』57，愛知大学一般教育論集編集委員会，2019.9，pp. 25-33.

山蔦真之　「迂回された近代：和辻倫理学におけるカント受容」，『哲学』70，日本哲学会，2019.4，pp. 266-279.

山根雄一郎「カッセルにおけるヘーゲルの絵画体験の可能性」，発行人：石川伊織『ヘーゲル美学講義に結実した芸術体験の実証的研究』（2014-2018年度科学研究費基盤研究（B）課題番号26284020 研究成果報告書），2019.3，pp. 375-383.

山脇直司　「カントを含むドイツ観念論の知的遺産：その今日的再考」，『哲学論集』48，上智大学哲学会，2019.10，pp. 1-22.

吉田卓司　「ショーペンハウアーによるカントの義務論批判の妥当性：『実践理性批判』を主な手がかりとして」，『大学院研究年報：文学研究科篇』48，中央大学大学院研究年報編集委員会，2019.2，pp. 1-12.

渡邉倬郎　「カント哲学における「判断力」の視点から「気候変動（地球温暖化）」を考える：「反省的判断力」は，「自然の合目的性」の理念を学的追究の「手引き」とする」，『哲学と教育』67，愛知教育大学哲学会，2019.1，pp. 57-83.

Ⅱ－a：翻訳（単行本）

〈2017〉

アリソン，ヘンリー・E（城戸淳訳）『カントの自由論』，法政大学出版局，2017.8，590p.

序論／第Ⅰ部：『純粋理性批判』における自由と理性的行為者性／第一章：第三アンチノミー／第二章：経験的性格と叡知的性格／第三章：実践的自由と超越論的自由／第四章：別の二つの解釈／第Ⅱ部：道徳的行為者性と道徳心理学／第五章：理性的行為者性と自律／第六章：義務，傾向性，尊敬／第七章：〈意志〉，〈選択意志〉，心根／第八章：根源悪／第九章：徳と神聖性／第十章：古典的な反論／第Ⅲ部：道徳性と自由の正当化／第十一章：相互性テーゼ／第十二章：『基礎づけ』第三章における演繹／第十三章：理性の事実と自由の演繹

キューン，マンフレッド（菅沢龍文，中澤武，山根雄一郎訳）『カント伝』，春風社，2017.6，1037p.

1：子供時代と青年時代の初期（一七二四―四〇年）／2：学生と家庭教師（一七四〇―五五年）／3：洗練された修士殿（一七五五―六四年）／4：新生とその結果（一七六四―六九年）／5：沈黙の歳月（一七七〇―八〇年）／6：「すべてを粉砕する」形而上学批判者（一七八〇―八四年）／7：人倫の形而上学の定礎者（一七八四―八七年）／8：宗教と政治に関する異議申し立て（一七八八―九五年）／9：老カント（一七九六――八〇四年）

ベック，ルイス・ホワイト（藤田昇吾訳）『6人の世俗哲学者たち：スピノザ・ヒューム・カント・ニーチェ・ジェイムズ・サンタヤナ』，晃洋書房，2017.5，127p.

第1章：世俗哲学とは何か？／第2章：世俗哲学者たちの一族／第3章：スピノザ／第4章：ヒューム／第5章：カント／第6章：ニーチェ／第7章：ジェイムズ／第8章：サンタヤナ

〈2018〉

ベーメ，ゲルノート（河村克俊監訳，浅野貴彦，嵩原英喜，西章訳）『新しい視点から見たカント『判断力批判』』，晃洋書房，2018.3，182p.

第1部：美しいものの分析論／第2部：崇高なものの分析論／第3部：目的論的判断力の分析論

Ⅱ―ｂ：単行本所収翻訳・章

〈2018〉

アロンソン，ダニール（滝沢正之訳）「ロシアのカント研究：グリガ以降，1996年から2017年まで」，『新・カント読本』，牧野英二編，法政大学出版局，2018.2，pp.71-84.

イェーニッヒ，ディーター（神林恒道訳）「第5章：「遊戯」と世界：カントの『判断力批判』における「無関心的満足」」，『芸術は世界といかに関わるか：シェリング，ニーチェ，カントの美学から』，三元社，2018.7，pp.177-200.

カストロ，ドゥルセ・マリア・グランハ（中野裕考訳）「スペイン語圏のカント研究：スペイン，メキシコでの展開」，『新・カント読本』，牧野英二編，法政大学出版局，2018.2，pp.33-46.

クレンメ，ハイナー・F（千葉清史訳）「ドイツ語圏における現在のカント研究：直面する課題と論争」，『新・カント読本』，牧野英二編，法政大学出版局，2018.2，pp.85-88.

マフムーディ，セイエド・アリー（寺田俊郎訳）「イスラーム文化圏のカント研究：イランにおける受容と展開」，『新・カント読本』，牧野英二編，法政大学出版局，2018.2，pp.47-55.

Ⅱ―ｃ：雑誌・紀要掲載翻訳

〈2017〉

クリューガー，ゲルハルト（宮村悠介訳）「カントの批判における哲学と道徳（3）」，『知の

トポス：世界の視点：Topos』12，新潟大学大学院現代社会文化研究科共同研究プロジェクト「世界の視点をめぐる思想史的研究」，新潟大学人文学部哲学・人間学研究会，2017.3，pp. 43-89.

ジョセフソン・ストーム，ジェイソン・アーナンダ（井関大介，竹中久留美訳）「絶対的妖怪：井上円了，仏教哲学の課題，心霊の棲むポストカント思想の境界領域」，『国際井上円了研究』5，国際井上円了学会，2017.3，pp. 177-199.

〈2018〉

ウーヴェ，ヴォルフラート（辻麻衣子訳）「新カント派と心理学：相互批判的関係とその結末」，『思想』1135，2018.11，pp. 197-219.

エアトル，ヴォルフガング（増山浩人訳）「表象にほかならないということ：心の外へと向かうためのスアレス的方法？」，『思想』1135，2018.11，pp. 94-108.

クリューガー，ゲルハルト（宮村悠介訳）「カントの批判における哲学と道徳（4）」，『知のトポス：世界の視点：Topos』13，新潟大学人学院現代社会文化研究科共同研究プロジェクト「世界の視点をめぐる思想史的研究」，新潟大学人文学部哲学・人間学研究会，2018.3，pp. 51-98.

ジンメル，ゲオルグ（矢崎慶太郎，中村練訳）「カントの義務論と幸福論」，『ソーシャル・ウェルビーイング研究論集』4，専修大学社会知性開発研究センター：ソーシャル・ウェルビーイング研究センター，2018.3，pp. 73-79.

ローゼフェルト，トビアス（繁田歩訳）「カントの「現実存在 Existenz」概念」，『哲学世界』41，早稲田大学大学院文学研究科人文科学専攻哲学コース，2018.2，pp. 41-56.

〈2019〉

カヴェル，スタンリー（宮﨑裕助，高畑菜子訳）「近代哲学の美学的諸問題」，『知のトポス：世界の視点：Topos』，新潟大学大学院現代社会文化研究科共同研究プロジェクト「世界の視点をめぐる思想史的研究」，新潟大学人文学部哲学・人間学研究会，2019.3，pp. 1-48.

クリューガー，ゲルハルト（宮村悠介訳）「カントの批判における哲学と道徳（5）」，『知のトポス：世界の視点：topos』14，新潟大学大学院現代社会文化研究科共同研究プロジェクト「世界の視点をめぐる思想史的研究」，新潟大学人文学部哲学・人間学研究会，2019.3，pp. 155-209.

シェル，M. スーザン（大橋政仁，近藤和貴訳）「ゲアハルト・クリューガーとレオ・シュトラウス：カント・モチーフ」，『政治哲学』25，政治哲学研究会，2019.3，pp. 61-77.

Ⅲ：書評

〈2017〉

伊藤正博　「田之頭一知『美と藝術の扉：古代ギリシア，カント，そしてベルクソン』」，『芸術：大阪芸術大学紀要』40，大阪芸術大学，2017.12，pp. 129-133.

岩本廣美　「広瀬悠三著『カントの世界市民的地理教育：人間形成論的意義の解明』」，『人文地理』69（3），人文地理学会，2017.10，pp. 400-401.

河村克俊　「増山浩人著『カントの世界論――バウムガルテンとヒュームに対する応答』」，『3.11後の「公共」とカント：Kant in Fukushima』，日本カント研究18，日本カント協会編，知泉書館，2017.7，pp. 176-179.

竹山重光　「Hannah Ginsborg, *The Normativity of Nature: Essays on Kant's Critique of Judgment*」，『3.11後の「公共」とカント：Kant in Fukushima』，日本カント研究18，日本カント協会編，知泉書館，2017.7，pp. 189-193.

田原彰太郎「オノラ・オニール 著，神島裕子訳『正義の境界』」，『3.11後の「公共」とカント：Kant in Fukushima』，日本カント研究18，日本カント協会編，知泉書館，2017.7，pp. 180-183.

三谷尚澄　「Robert B. Brandom, *From Empiricism to Expressivism: Brandom reads Sellars*」，『3.11後の「公共」とカント：Kant in Fukushima』，日本カント研究18，日本カント協会編，知泉書館，2017.7，pp. 184-188.

山本英輔　「書評：牧野英二（編）『東アジアのカント哲学 日韓中台における影響作用史』」，『法政哲学』13，法政哲学会，2017.3，pp. 53-54.

〈2018〉

伊藤敦広　「広瀬悠三著『カントの世界市民的地理教育：人間形成論的意義の解明』」，『近代教育フォーラム』27，教育思想史学会，2018.9，pp. 149-152.

大森一三　「広瀬悠三著『カントの世界市民的地理教育――人間形成論的意義の解明』」，『カントとフランス哲学』，日本カント研究19，日本カント協会編，知泉書館，2018.7，pp. 180-184.

河村克俊　「増山浩人著『カントの世界論：バウムガルテンとヒュームに対する応答』」，『哲学の体系性』,現代カント研究14，カント研究会，中野裕考，山蔦真之，浜野喬士編，晃洋書房，2018.7，pp. 110-114.

後藤正英　「書評：山下和也著『カントと敬虔主義：カント哲学とシュペーナー神学の比較』」，『哲学の体系性』，現代カント研究14，カント研究会，中野裕考，山蔦真之，浜野喬士編，晃洋書房，2018.7，pp. 118-123.

斎藤拓也　「書評：『カントの政治哲学：自律・言論・移行』（金慧著）」，『社会思想史研究：社会思想史学会年報』42，藤原書店，2018.9，pp. 140-143.

佐々木尽　「書評：石川求『カントと無限判断の世界』」，『哲学論叢』45，京都大学哲学論叢刊行会2018.11，pp. 5-8.

澤田義文　「書評：ヘンリー・E・アリソン『カントの自由論』」，『Moralia』25，東北大学倫理学研究会，2018.10，pp. 164-172.

嶋崎太一　「書評：山本道雄著『ドイツ啓蒙の哲学者クリスティアン・ヴォルフのハレ追放顛末記：ドイツ啓蒙思想の一潮流2』」，『哲学の体系性』，現代カント研究14，カント研究会，中野裕考，山蔦真之，浜野喬士編，晃洋書房，2018.7，pp. 126-131.

中沢　哲　「鈴木宏著『カントの批判哲学の教育哲学的意義に関する研究』」，『教育学研究』85（3），2018.9，pp. 350-353.

中野裕考　「Henry E. Allison, *Kant's Transcendental Deduction. An Analytical-Historical Commentary*」，『カントとフランス哲学』，日本カント研究19，日本カント協会編，知泉書館，2018.7，pp. 185-188.

菱刈晃夫　「書評：広瀬悠三著『カントの世界市民的地理教育：人間形成論的意義の解明』」，『キリスト教教育論集』26，日本キリスト教教育学会，2018.3，pp. 75-79.

広瀬悠三　「書評：鈴木宏著『カントの批判哲学の教育哲学的意義に関する研究』」，『教育哲学研究』118，教育哲学会，2018.11，pp. 143-148.

弘田陽介　「鈴木宏著『カントの批判哲学の教育哲学的意義に関する研究』」，『近代教育フォーラム』27，教育思想史学会，2018.9，pp. 165-168.

藤井基貴　「書評：広瀬悠三著『カントの世界市民的地理教育：人間形成論的意義の解明』」，『教育学研究』85（1），日本教育学会，2018.3，pp. 88-90.

保呂篤彦　「髙田太著『カントにおける神学と哲学：プロイセン反啓蒙政府とカントの自

由を巡る闘い』」，『カントとフランス哲学』，日本カント研究19，日本カント協会編，知泉書館，2018.7，pp. 170-174.
増山浩人　「河村克俊氏の書評への応答」，『哲学の体系性』，現代カント研究14，カント研究会，中野裕考，山蔦真之，浜野喬士編，晃洋書房，2018.7，pp. 115-117.
三重野清顕「書評：増山浩人『カントの世界論：バウムガルテンとヒュームに対する応答』」，『Moralia』25，東北大学倫理学研究会，2018.10，pp. 1-12.
南翔一郎　「山下和也著『カントと敬虔主義―カント哲学とシュペーナー神学の比較』」，『日本の神学』57，2018.9，pp. 179-184.
望月俊孝　「冨田恭彦著『カント哲学の奇妙な歪み――『純粋理性批判』を読む』」，『カントとフランス哲学』，日本カント研究19，日本カント協会編，知泉書館，2018.7，pp. 175-179.
矢崎慶太郎「書評：ジンメル「カントの義務論と幸福論」：ソーシャル・ウェルビーイング調査への応用」，『ソーシャル・ウェルビーイング研究論集』4，専修大学社会知性開発研究センター：ソーシャル・ウェルビーイング研究センター，2018.3，pp. 65-72.
山下和也　「後藤正英氏の書評への応答」，『哲学の体系性』，現代カント研究14，カント研究会，中野裕考，山蔦真之，浜野喬士編，晃洋書房，2018.7，pp. 123-125.
山本道雄　「嶋崎太一氏の書評に応える」，『哲学の体系性』，現代カント研究14，カント研究会，中野裕考，山蔦真之，浜野喬士編，晃洋書房，2018.7，pp. 132-133.
渡邉偉郎　「カント「三批判書」は何を論証しようとしたのか：久田健吉著『ドイツ観念論物語：カントとヘーゲルの哲学』書評」，『哲学と教育』66，愛知教育大学哲学会，2018.3，pp. 23-55.

〈2019〉
入江幸男　「ヘンリー・E・アリソン著，城戸淳訳『カントの自由論』」，『カントと理念の問題』，日本カント研究20，日本カント協会編，日本カント協会，2019.12，pp. 122-124.
内田浩明　「Veit Justus Rollmann, *Apperzeption und dynamisches Naturgesetz in Kants Opus postumum : Ein Kommentar zu "Übergang 1-14"...*」，『カントと理念の問題』，日本カント研究20，日本カント協会編，日本カント協会，2019.12，pp. 108-110.
江藤正也　「松本和彦著『カントの批判的法哲学』」，『北陸大学紀要』47，北陸大学，2019.9，pp. 129-154.
大森一三　「書評：相原博『カントと啓蒙のプロジェクト『判断力批判』における自然の解釈学』法政大学出版局，二〇一七年啓蒙のプロジェクトの補完に向けて」，『法政哲学』15，法政哲学会，2019.3，pp. 61-64.
金　　慧　「書評：共和制の理念：イマヌエル・カントと一八世紀末プロイセンの「理論と実践」論争：網谷壮介著」，『社会思想史研究：社会思想史学会年報』43，藤原書店，2019.9，pp. 150-153.
近堂　秀　「『カント伝』マンフレッド・キューン著，菅沢龍文・中澤武・山根雄一郎訳，春風社，二〇一七年」，『法政哲学』15，法政哲学会，2019.3，p. 71.
佐々木一也「書評：大森一三著『文化の進歩と道徳性：カント哲学の「隠されたアンチノミー」』」，『比較文明』35，行人社，2019.3，pp. 211-214.
杉田孝夫　「田端信廣著『書評誌に見る批判哲学ー初期ドイツ観念論の展相：『一般学芸新聞』「哲学欄」の一九年」，『フィヒテ研究』27，日本フィヒテ協会，晃洋書房，2019,11，pp. 102-107.

平出喜代恵「Allen Wood, *Formulas of the Moral Law*」,『カントと理念の問題』, 日本カント研究20, 日本カント協会編, 日本カント協会, 2019.12, pp. 105-107.

宮崎裕助　「ゲルノート・ベーメ著, 河村克俊監訳『新しい視点から見たカント『判断力批判』』」,『カントと理念の問題』, 日本カント研究20, 日本カント協会編, 日本カント協会, 2019.12, pp. 117-121.

宮島光志　「マンフレッド・キューン著, 菅沢龍文・中澤武・山根雄一郎訳『カント伝』」,『カントとフランス哲学』,『カントと理念の問題』, 日本カント研究20, 日本カント協会編, 日本カント協会, 2019.12, pp. 125-127.

村井忠康　「近堂秀著『『純粋理性批判』の言語分析哲学的解釈：カントにおける知の非還元主義』」,『カントと理念の問題』, 日本カント研究20, 日本カント協会編, 日本カント協会, 2019.12, pp. 111-113.

山蔦真之　「相原博著『カントと啓蒙のプロジェクト』」,『カントと理念の問題』, 日本カント研究20, 日本カント協会編, 日本カント協会, 2019.12, pp. 114-116.

Ⅳ：カント研究動向紹介

〈2018〉

小谷英生　「カント研究会三〇〇回記念例会の記録」,『哲学の体系性』, 現代カント研究14, カント研究会, 中野裕考, 山蔦真之, 浜野喬士編, 晃洋書房, 2018.7, pp. 136-137.

田原彰太郎「第十二回国際カント学会」,『哲学の体系性』, 現代カント研究14, カント研究会, 中野裕考, 山蔦真之, 浜野喬士編, 晃洋書房, 2018.7, pp. 134-135.

〈2019〉

山蔦真之　「Multilateral Kant Colloquium 8th Edition, Kant and the Contemporary World : Philosophy, Science, Politics」,『カントと理念の問題』, 日本カント研究20, 日本カント協会編, 日本カント協会, 2019.12, pp. 128-129.

現代カント研究　15
批判哲学がめざしたもの

2021年11月20日　初版第1刷発行　＊定価はカバーに表示してあります

編　者　カント研究会©
発行者　萩　原　淳　平
印刷者　田　中　雅　博

発行所　株式会社　晃　洋　書　房
〒615-0026　京都市右京区西院北矢掛町7番地
電　話　075(312)0788番(代)
振替口座　01040-6-32280

ISBN978-4-7710-3524-9　印刷　創栄図書印刷(株)
製本　(株)藤沢製本